老年人科学健身指导丛书

越野行走

中国老年人体育协会 编

人民体育出版社

《老年人科学健身指导丛书》编委会

主　任： 冯建中

副主任： 盛志国　张　栋　高　超

成　员： 赖万鹏　杨光宇　林淑英
　　　　　华洪兴　庄顺福

《越野行走》编写组

主　编：盛志国

副主编：姚新新　杨立强

序

  我国的特色社会主义建设进入了一个崭新的时代。与此相关的一个社会问题也出现了，我国步入了老龄化社会，而且人口老龄化进程不断加快。全国65岁及以上老年人占总人口比从1982年的4.9%，上升到2001年的7.1%，2016年达10.8%。另外，我国慢性病患者年轻化趋势明显。在慢性病方面的挑战前所未有：在每年1030万死亡病例中慢性非传染性疾病占比超过 80%。慢性病患病率上升的同时，其知晓率、治疗率、控制率却严重不足。例如，2012年高血压的知晓率、治疗率和控制率分别是46.5%、41.1%、13.8%，成年人糖尿病的各项占比分别为36.1%、33.4%、30.6%。农村地区慢病的知晓率、治疗率和控制率更低。相当规模的人群缺乏自我健康管理的意识和能力，忽视了健康及其投入。

  党的十八届五中全会作出推进"健康中国"建设的决策部署。2016年8月，党中央、国务院隆重召开新世纪第一次全国卫生与健康大会，明确了建设健康中国的大政方针；同年10月，发布实施《"健康中国2030"规划纲要》，明确了行动纲领。党的十九大将"实施健康中国战略"提升到国

家整体战略层面统筹谋划。从全面建成小康社会到基本实现现代化，再到全面建成社会主义现代化强国，健康中国战略将在每一个阶段与整体战略紧密衔接，以发挥重要支撑作用。这是以习近平同志为核心的党中央从长远发展和时代前沿出发，坚持和发展新时代中国特色社会主义的一项重大战略部署。坚定不移地实施这一战略，促进卫生健康事业发展和人民健康水平持续提升，必将为全面建成小康社会、建成社会主义现代化强国打下坚实的健康根基。

古人早就认识到，"上工治未病，不治已病"。世界卫生组织调查显示，要达到同样的健康标准，所需要的预防投入与治疗费、抢救费比例为 1∶8.5∶100，也就是说预防上多投入1元钱，治疗费就可少花8.5元并节约100元抢救费。

体育在健康中国中有着重要的作用。2014年10月，党中央、国务院就把全民健身上升为国家战略。体育部门在健康中国中肩负着很大的责任，体育工作者有着巨大的工作空间，体育运动在健康中国当中起着不可替代的作用。因此，要充分认识到科学锻炼的重要性。

人民健康是民族昌盛和国家富强的基础条件。随着人们生活水平的不断提高，越来越多的人认识到体育锻炼的重要性，不少人主动参与体育锻炼，健身的需求空前旺盛，健身的愿望空前强烈。

随着参与锻炼人群的不断扩大,健身热潮的不断高涨,科学健身变得越来越重要。现在不少人知道了锻炼的好处,而对于如何锻炼是科学的,锻炼计划是否符合自己的实际情况却不了解。

各个年龄阶段的锻炼项目和运动量是不同的。为了满足老年人科学健身与养生的需求,在中国老年人体育协会的努力及专家、学者的辛勤付出下,终于编写完成了这套《老年人科学健身指导丛书》。

老年人要结合自己的爱好和身体状况,选择一两项既适合自己,又感兴趣的运动项目,科学锻炼,常年坚持,对于老年阶段的快乐、健康的生活会非常有好处。良好的生活习惯和生活方式、平和的态度、合理的饮食搭配、科学的锻炼等,都是健康的必要条件。其中,科学的锻炼是其中一个重要的方面。"运动是良医"已经成为不少老年人的共识。

希望这套书能够帮助广大老年人科学地进行锻炼与养生,高兴、快乐、健康地度过晚年生活。

谢谢为此书作出努力的同志们!

冯建中

越野行走

前言

越野行走（亦称持杖健走、北欧式行走等），是一种由滑雪运动演变而来、使用两支手杖行走的运动，于1997年起源于北欧芬兰。2003年，国家体育总局体育科学研究所将越野行走引入中国。2013年，中国老年人体协制定了越野行走（持杖健走）的竞赛规则裁判法，率先在中国开展了越野行走的交流活动（比赛）。目前，以越野行走引领的徒步赛事，正蓬蓬勃勃地开展起来。

持杖健走，为什么叫作越野行走呢？这还要从2003年引入该项目时说起。越野行走的英文名为"Nordic Walking"，直译为北欧式行走，当初翻译时也颇费周折。译成北欧行走，大家不知道北欧行走是什么意思；译成持杖行走，又有拄拐棍的嫌疑，不够时尚……最后，考虑到越野行走是由滑雪运动演变而来的，而滑雪项目中有一个项目叫越野滑雪，因此，中国的"Nordic Walking"就定名为"越野行走"。2012年，中国老年人体协引入越野行走项目，担心老年人误解越野行走只能在户外行走，影响参与的积极性，就将越野行走命名为"持杖健走"。

2010年，出版了中国第一本介绍越野行走（持杖健走）的书《越野行走》，至今已经有八年的时间了。时任国家体育总局局长助理、中国奥委会副主席晓敏，国家体育总局群体司司长盛志国，国家健康教育首席专家洪昭光教授、胡大一教授以及国际越野行走联合会主席AKI先生，慧眼识珠，为《越野行走》一书题词写序，成就了越野行走从星星之火到燎原之势的蓬勃发展。把他们的部分题词引入到本书中，一是表达对领导和专家推广全民健身的敬意，二是作为领导和专家对越野行走在中国发展的支持和鼓励的见证。

2010年出版的书，主要是把越野行走作为一个优秀的健身方式介绍给大家。而今，越野行走的发展已经远远超出了健身的范畴，完成了从健身活动到竞赛项目、再到徒步赛事的三级跳式的发展。越野行走不仅仅在健身层面，而且在徒步赛事层面也焕发出强大的生命力，成为继马拉松之后，又一项时尚的、群众健身的优秀运动项目，而且与马拉松相比安全性更高、适宜参与人群更广。更重要的是，这项运动引领大家走出城市，走进山、林、湖、海，提倡融入一种自然的健身理念。同时，越野行走赛事还作为一个生机勃勃的体育产业出现在大众面前，今天的马拉松，就是明天的徒步赛事！

从健身活动到竞赛项目的发展过程中，中国老年人体协发挥了重要的引领作用，率先将越野行走纳入中国老年人体协的运动项目，并在全国开展交流活动，实现了越野行走从一般的健身活动到竞赛项目的跨越式发展，从而带动了全国越野行走的开展；北京鲁滨逊体育发展有限公司在越野行走发展遭遇瓶颈的时候，以敏锐的前瞻性意识到，开展越野行走的竞赛项目有可能成为打破越野行走发展瓶颈的突破口，并采纳了中国老年人体协的建议：与中国老年人体协共同开发越野行走的竞赛项目，把目前的健身活动提升为竞赛项目，从而使建议转化为实践，使构想转化为越野行走蓬勃发展的现实。在今年由国家体育总局、全国老龄工作委员会、中国老年人体协共同主办的第三届全国老年人体育健身大会上，持杖健走被列为竞赛交流项目，促进了活动项目在全国中老年人群中的普及推广。

感谢中国老年人体协国家级教练员、裁判员王林教授、张晓莹教授，在他们的帮助下，完成了中国首部越野行走竞赛规则和裁判法的制定。本文在2010年版《越野行走》一书的基础上进行了修订，增加了对越野行走竞赛项目及徒步赛事的介绍，并对《第三届全国老年人健身大会持杖健走交流活动规程》进行了解读。本书还介绍了国际越野行走联合会编写的"十步教学法"。"十步教学法"的原文及其他国外资料，由田庆华翻译整理。本书第五章第四节关于越野行走营养的论述，摘编自梁志雄等著《越野行走教程》一书的部分内容。书中的热身操，由白雨玲创编。书中的示范教练是李军生、白雨玲。附录的视频中，还收录了白雨玲老师创编的《手杖操汇编》。本书在编辑过程中，还得到了田庆华、李军生、刘晓、宋文全等同志的大力支持，在此，一并表示感谢。

越野行走是一个新兴的项目，由于业务水平和时间关系，书中术语、描述以及对今后的展望还有待于实践的检验和专家的批评。希望各位提出宝贵意见。

编写组

3 越野行走在健身锻炼中的特点和注意事项 31

- 越野行走中包含的三种运动 33
- 增强有氧运动健身效果的三大诀窍 35
- 做好热身运动和整理运动 39
- 注意保护腰腿,坚持无痛锻炼 40
- 越野行走知识小问答 42

4 从现在开始越野行走吧 51

- 科学挑选和使用行走杖 53
- 怎样进行平路行走 58
- 怎样进行山地行走 73
- 手杖操 74
- 持杖跑 113
- 手杖游戏 115

目录 CONTENT

1 健身运动新时尚——徒步运动与越野行走

- 徒步是世界上最好的运动 3
- 最接近完美的徒步行走——越野行走 4

2 简单认识越野行走 7

- 什么是越野行走 9
- 越野行走比一般徒步健身效果更好 14
- 越野行走从大众健身活动到竞赛项目的飞跃 21
- 越野行走在中国的三级跳式发展 25

8 附录 195

7 分享越野行走带来的幸福——我们身边的越野行走爱好者 181

5 带你从全方位、全角度参与一场越野行走比赛 119

- 越野行走在国际、国内的竞赛项目 121
- 详细解读三项越野行走竞赛规则 123
- 主办方视角——策划和执行一场越野行走比赛 141
- 如何进行越野行走竞赛训练 146
- 越野行走竞赛后勤保障线——参赛者的伤病预防和营养补给 150

6 国内外越野行走者的盛会——一些重要的赛事和活动 155

- 国外的越野行走重要赛事和活动 157
- 国内的越野行走重要赛事和活动 163

健身运动新时尚——
徒步运动与越野行走

朋友,见过手持两支手杖行走的运动吗?在晨曦初照的公园里,在城郊山区的小径上,在祖国的名山古刹间,你会发现手持两支类似滑雪杖的手杖,正在健步行走或奋力攀登的人群。在锻炼身心体魄的同时,享受着大自然赋予我们的阳光、空气和美景。这,就是越野行走,也叫持杖健走。越野行走是一项"年轻"的运动,却是一项号称"最接近完美的行走"的运动,相比其他健身运动,具备较大的优势,尤其是特别适合中老年朋友!让我们赶快一起走进越野行走的大门吧!

徒步是世界上最好的运动

早在1992年,世界卫生组织就明确指出:世界上最好的运动是徒步。

那什么是徒步呢?走路锻炼是徒步、公园散步是徒步,出门旅游中有徒步、劳动工作中有徒步、行军打仗中有徒步……而世界卫生组织在这句话中提到的徒步,应该是以健身为目的的徒步。其他的徒步,或为打仗、或为工作、或为争名次,首要目的不在健身,往往无法把保护身体、有利健康放在第一位,这些徒步只能被称为身体活动,而不是健身运动。

本文要讲述的徒步,是健身性的徒步,或叫健身走。

健身走有很多种形式,例如,讲究运动姿势、运动强度和时间的健步走,平时散步、遛弯的休闲走,驴友们的户外活动,健身旅游的徒步观光游览,以及近十年才从北欧引进的手持两支手杖的行走——越野行走等。坚持每天健身走,可提高心肺功能,增强肌肉力量,提高免疫力,消耗多余热量,利于控制体重、促进下肢静脉回流、保护心脏等,好处不一而足。

如今,运动健身的理念深入人心,很多人把走路作为重要的运动健身方式。根据国家体育总局发布的《2014年全民健身活动状况调查公报》,20岁及以上人群经常参加的体育锻炼项目是"健身走"和"跑步",占比分别为54.6%、12.4%;与2007年相比,采用"健身走"和"广场舞"进行锻炼的人数占比增加

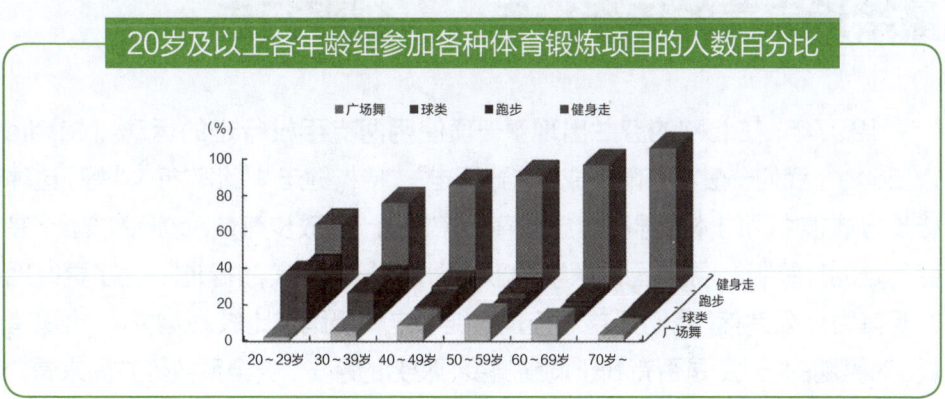

20岁及以上各年龄组参加各种体育锻炼项目的人数百分比

越野行走

最多，分别提高了12.8%和3.9%；50岁以后各年龄组人群主要采用"健身走"进行锻炼，占比在63.4%~78.7%。

从以上图表可以看出，中老年人（50岁以上人群）中接近80%的人群主要采用健身走的方式进行锻炼。而在众多的徒步形式中，哪种更适合中老年人呢？这还是要从中老年人的身体特点谈起。

中老年人的身体总体来说容易出现骨密度下降、肌肉减少、关节老化、器官衰老等情况，具体来看：

01
"三高"病症的发病率比年轻人高，除了到医院治疗，还需要用运动锻炼进行辅助治疗。因此，中老年人需要健身效果更好的运动方式。

02
"腰腿退行性病变"是中老年人的"专利"，很多中老年人因为腰疼、腿疼影响锻炼，需要能够保护腰腿的运动方式，解决"能锻炼"的问题。

03
很多中老年人缺乏运动兴趣，需要"好玩"的运动方式，以提高锻炼兴趣、缓解精神压力等，能与旅游相结合的运动更好。

相对来说，符合上述特点的徒步方式，是更加适合中老年人的。

最接近完美的徒步行走——越野行走

1997年，在北欧的芬兰出现了一项使用两支手杖行走的运动：Nordic Walking，我们一般将其翻译成"越野行走""持杖健走""北欧行走"等。这种徒步方式被中国的体育界和健康教育专家誉为"比散步有效、比慢跑安全，是健步走的升级版"，被美国的医学杂志称为"最接近完美的行走"。为了更好地说明其为什么完美，我们把越野行走同徒手走和慢跑作比较。从心率、热量消耗、对腰腿的压力、是否有利于调整身姿、疲劳的感觉、安全系数等方面来看，以徒手走的指标为1作基数，大于1表明该项指标是增强的，小于1表明该项指标是减弱的，结果详见下表。

越野行走、徒手走、慢跑健身指标（以徒手走的指标为1作基数）						
	心率	热量消耗	腰腿的压力	身姿调整	疲劳感觉	安全系数
徒手走	1	1	1	1	1	1
越野行走	1.13	1.2~1.4	0.9	2	0.5	1.5
慢跑	1.5	2	4	1	4	0.5

数据由国际越野行走联合会提供

从表中可以看出，越野行走与相关运动相比，在改善健身指标方面的优势非常明显。

与徒手走相比，越野行走运动者心率可多提高13%，热量多消耗20%~40%，腰腿的压力减轻10%，疲劳的感觉减少一半。这说明越野行走相对来说更加安全，更有利于放松脊柱、调整不良身姿。

与慢跑相比，越野行走消耗的热量少一些，但带给膝盖的压力大幅减轻，只相当于跑步的四分之一，可以避免对膝关节的过度磨损，对保护腰腿效果明显，同时可达到慢跑时对心肺功能的锻炼效果。由于越野行走运动者更不容易感觉到累，因此能够延长锻炼时间。越野行走还更加适合用于健身旅游，寓健身于娱乐当中。

与徒手爬山相比，越野行走不仅可以使运动者上肢得到锻炼，还可以大大减轻其膝关节软骨的压力，避免对膝关节造成损伤。

与徒手做操相比，越野行走运动者可以借助手杖使拉伸更加到位、关节活动更加充分、锻炼的方式更加丰富有趣。

与徒手休闲、康复训练相比，越野行走中使用两支手杖，不仅提高了运动的安全性，使运动者四肢都得到锻炼，还可以提高下肢行动不便人群的行走能力。

越野行走也有缺点，主要是需要携带两支手杖比较麻烦，但总体来看，还是堪称最接近完美的行走。

简单认识越野行走

　　越野行走起源于芬兰，至今只有20年的时间，却成为了世界上发展最快的大众健身运动。这项运动到底是怎样诞生的呢？比起一般的徒步运动，越野行走的健身效果有什么不同？为什么说越野行走是徒步中唯一可以进行比赛的项目？越野行走世界杯、欧洲杯的比赛与足球等竞技性运动的杯赛有什么不同？越野行走是怎么进入中国的？为什么以越野行走引领的徒步赛事是继马拉松之后又一项时尚的、大型的群众健身项目？可以预见，今天的马拉松就是明天的徒步赛事！这么多问题，让我们在这一章里找找答案。

什么是越野行走

越野行走,亦称持杖健走、北欧式行走等,英文名为Nordic Walking,是一种借助两支手杖、使四肢同时参与行走的大众健身娱乐运动。

越野行走的由来和发展

越野行走在1997年起源于北欧芬兰,由滑雪运动演变而来。

20世纪30年代,滑雪运动员夏季训练的时候,开始使用两支滑雪杖进行行走、跑步及登山的锻炼。1997年,芬兰的EXEL公司率先对滑雪杖进行了改造,生产出世界上第一副越野行走手杖,并与芬兰索姆拉图休闲中心(Suomen Latu)、芬兰体育科学研究所共同创建了一种使用两支手杖行走的

越野行走

运动,命名为Nordic Walking,即越野行走。1998年,越野行走运动得到了芬兰总统的公开支持。目前,芬兰已有16万人参与该项运动,有52万人曾经尝试过这项运动。2000年,国际越野行走协会(International Nordic Walking Association,简称INWA)在芬兰赫尔辛基成立,主席是芬兰人阿迪(Aki Karihtala)。越野行走也被认为是继桑拿之后,芬兰人的又一项重要创举和贡献。

2003年,在中国体育科学学会的大力支持下,国家体育总局体育科学研究所率先把越野行走引入中国。2005年,国家体育总局体育科学研究所与国际越野行走联合会合作,正式开始在中国推广越野行走运动。目前,全世界已有四十余个国家和地区、1500多万人参与这项运动,在芬兰、德国、奥地利和瑞士最为普及。在芬兰,每周从事越野行走的人数达全国人口的19%以上。近年来,在中国进行越野行走的人数也达到了近百万。

2006年中国社会体育代表团访问芬兰时,国际越野行走联合会主席阿迪展示世界上第一副越野行走杖

1998年,芬兰总统支持并参与越野行走运动(转载自国际越野行走联合会官网)

越野行走的四种运动方式和四个特点

越野行走的运动方式种类

越野行走的运动方式有四种,分别为:平路行走、山地行走、手杖操、持杖跑。

越野行走的运动方式

平路行走

山地行走

手杖操

持杖跑

利用越野行走这个平台，可以开展健身活动，如有氧训练、力量练习和游戏等，可以满足不同身体素质和年龄段人群锻炼和进行休闲康复活动的需求，还可以进行比赛，如越野行走大赛、世界杯、欧洲杯比赛等。

越野行走健身活动与竞赛

健身运动

体能训练

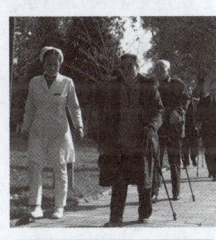
休闲康复

越野行走竞赛

越野行走的特点

与一般的徒步相比，越野行走有四大特点：

01
健身效果更好。

02
有利于保护腰腿。

越野行走

03
是唯一有国际通行的竞赛规则、裁判法的徒步项目。

04
运动者不容易感觉到劳累，利于延长锻炼时间和开展健身旅游。

越野行走的国际、国内组织

国际越野行走联合会（INWA）

国际越野行走联合会是一个非盈利性的国际组织，成立于2000年，主席是芬兰人阿迪（Aki Karihtala）。国际越野行走联合会致力于推广健康、积极的生活方式，与体育和健身领域的专家合作，对越野行走的教学与训练进行完善和创新，提高越野行走的技术及安全性能，其主要目标是在全世界推广越野行走运动，他们的口号是"每一步都有价值！"

2007年，国际越野行走联合会加入了国际健身大众体育协会（Trim and Fitness International Sport For All Association，简称TAFISA），并与其建立了战略合作伙伴关系。

目前，已有40多个国家和地区加入国际越野行走联合会，包括中国、芬兰、瑞典、挪威、瑞士、荷兰、丹麦、意大利、冰岛、德国、法国、奥地利、

国际越野行走联合会LOGO

部分会员国家的LOGO

瑞士

美国

部分会员国家的LOGO

德国

英国

日本

波兰

芬兰

希腊

俄罗斯

中国

英国、新西兰、比利时、波兰、斯洛文尼亚、克罗地亚、匈牙利、西班牙、卢森堡、捷克、爱沙尼亚、拉脱维亚、澳大利亚、科威特、加拿大、美国、日本、安道尔、以色列、新加坡、南非等。

许多国家都有自己的越野行走标志，如上图所示。

国际越野行走联合会中国分会（CNWA）

2015年，经国际越野行走联合会授权，国际越野行走联合会中国分会(英

13

越野行走

文简称CNWA,以下简称中国分会)正式成立。中国分会以成立于2003年的国家体育总局体育科学研究所越野行走推广中心为前身,是我国唯一与国际越野行走联合会联络对接、在中国推广越野行走运动的组织,下设学校分会以及各地的越野行走推广中心。

国际越野行走联合会中国分会LOGO

中国分会的主任是杨立强先生。在他的领导下,越野行走成功完成了从"健身活动"到"竞赛项目"的提升,实现了从"健身活动"到"竞赛项目"再到"徒步赛事"的三级跳式的发展。

中国分会与国家体育总局社体中心、中国老年人体协、中国登山协会、中国田径协会、中国企业体协、中国体育科学学会等全国性体育组织也建立了紧密的合作关系。近年来,中国分会努力在运动项目的培训和推广、国内外赛事的策划和执行、国际越野行走联合会的联络和合作方面提供最优质的服务,为中国越野行走运动的推广和徒步赛事的发展做出了巨大贡献。目前,全国二十几个省市、接近百万人正在参与这项运动。

越野行走比一般徒步健身效果更好

越野行走比散步锻炼效果更好,比慢跑更安全,是健步走的升级版,被美国医学杂志誉为"最接近完美的行走"。中国卫生部首席健康教育专家洪昭光教授指出,"心血管病怕累,骨关节病怕疼,越野行走不疼不累,效果加倍",对越野行走给予了很高的评价。

由于运动者在越野行走中使用两支手杖,其上肢也能参与行走,可以消耗更多热量,锻炼效果接近慢跑,减肥、降"三高"效果显著。两支手杖的使用还减轻了腰椎和膝关节的压力,可以在登山中保护膝盖,还可以使已经受损的腰腿得到适度修复,延缓骨骼衰老。两支手杖的使用还使人不易感到疲劳,特别适合用于健身旅游,寓健身于娱乐之中。在竞赛项目中,越野行走保护下肢关节、节省体力、提高运动成绩的特点更是能够充分体现。

与一般的徒步相比,越野行走的锻炼方式给我们的身体带来的益处更大。

调动全身肌肉,燃烧热量,减肥、降"三高"效果显著

越野行走调动了运动者全身90%的肌肉参加行走,更容易达到有效运动强度。国内、国外的统计数据均显示,越野行走与一般徒步相比,在完成同样时间、同样速度、同样距离行走的情况下,运动者心率可多提高13%,热量多消耗20%~40%。

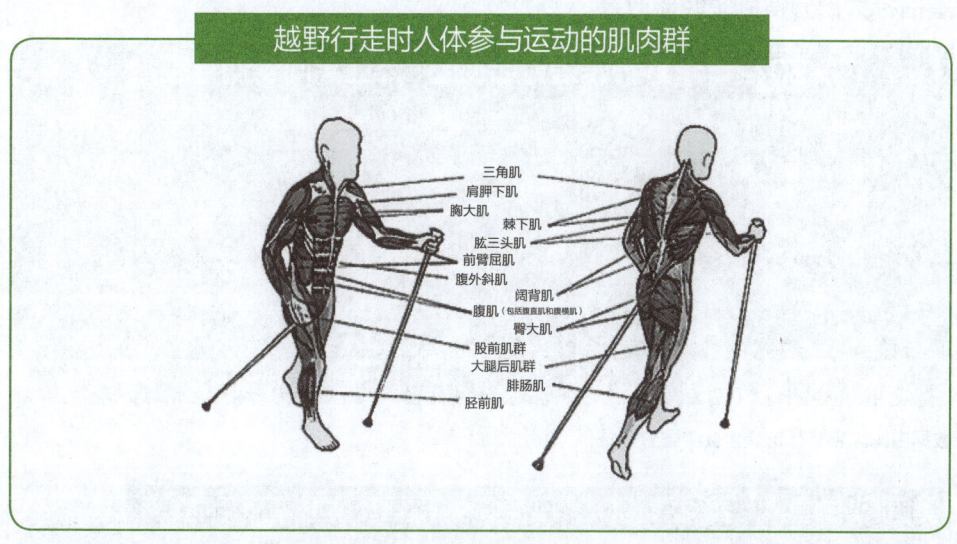

越野行走时人体参与运动的肌肉群

与其他运动相比,越野行走时人体参与运动的肌肉比例如下。

越野行走与慢跑、骑自行车相比,人体参与运动肌肉比例	
运动项目	人体参与运动肌肉比例
越野行走	90%
慢跑、徒手步行	65%
自行车	45%

越野行走

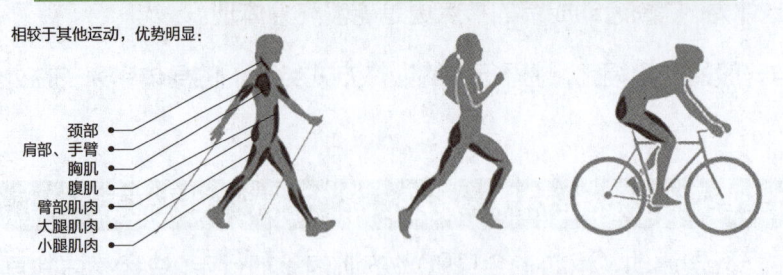

越野行走与慢跑、骑自行车相比,人体参与运动的肌肉群

相较于其他运动,优势明显:
- 颈部
- 肩部、手臂
- 胸肌
- 腹肌
- 臀部肌肉
- 大腿肌肉
- 小腿肌肉

2012年,国际越野行走联合会中国分会对越野行走爱好者做了问卷调查,结果显示,参加越野行走的3个月至1年的时间里,他们的体重、血压、血脂等健康指标大部分得到了明显改善。

2012年越野行走爱好者减重、降三高问卷调查表

	有效问卷	参加越野行走后改善情况		改善情况占比
体重	716	下降	468	65.36%
腰围	587	缩小	363	61.84%
血压	630	降低	279	44.29%
血糖	320		157	49.06%
血脂	500	改善	400	80.00%
脂肪肝	433		323	74.60%

数据由国际越野行走联合会中国分会提供

美国康斯威星州大学达拉斯COOPER学院关于越野行走能量消耗的实验

受试者:
86名女性,年龄20~50岁(平均年龄37岁),受试者分为三组,依次为步行组(W)、越野行走手杖组(NW)和控制组(C),每组分别为30人、29人和27人。

实验步骤:
实验时间为12个星期,每次30~40分钟,训练强度为最大心率的70%~85%。最大摄氧量(VO_2max)为34~37ml/(kg·min)。

实验结论:
(1)越野行走有助于受试者提高最大摄氧量。
(2)使用越野行走手杖对受试者提高肌肉耐力有较明显的促进。
(3)在行走速度较慢的情况下,使用越野行走手杖会使受试者得到更明显的身体指标变化。
(数据由国际越野行走联合会提供)

运动中腰腿承受的压力小，保护骨关节，延缓衰老

人的一生中，骨质、骨量最好的状态（骨峰值）在35岁左右，过了这一阶段，关节磨损后就无法修复，磨损严重只能换关节。三四十岁以前，加强跑、跳锻炼，可以代偿性地增加人体的骨质、骨量，提高骨峰值的高度，增加骨质的储备。对中老年人的体育锻炼来说，应该"有限的关节省着用"，避免关节负荷太大，要注意保护以延缓关节衰老。越野行走对保护膝关节、保护腰椎有积极的作用。

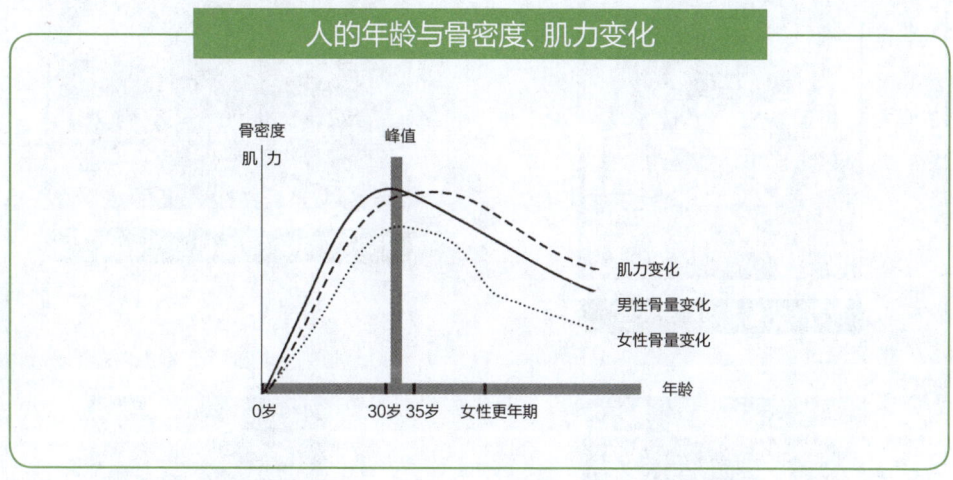

人的年龄与骨密度、肌力变化

越野行走是徒步运动中唯一可以减轻腰、腿压力的运动方式。体重70公斤的人站在体重秤上，用一支手杖在体侧支撑时，体重即显示减少7公斤，同时其腰、腿压力都得到减轻。中老年人在减轻关节压力的条件下锻炼，可以延缓关节软骨的衰老，并对受损的关节有一定的修复作用。

越野行走另一个独特的功能是使包裹腰椎的内层肌得到锻炼，使失活的内层肌重新工作，改善腰椎的正常生理位置，从而缓解腰肌劳损的疼痛（只有持双杖行走才有此作用）。脊椎内层肌有个特点——不受意念支配。如果有人想锻炼腰椎第四节、第五节间的内层肌，是无法自行锻炼的，只能通过其他的方

越野行走

式实现，如医院里普遍采用的"悬吊法"，而越野行走及双手持杖前推的动作，可以起到与"悬吊法"相同的效果。

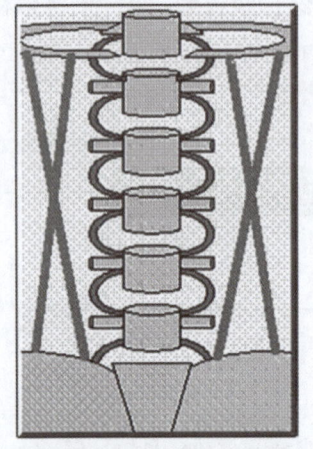
内层肌和外层肌示意图

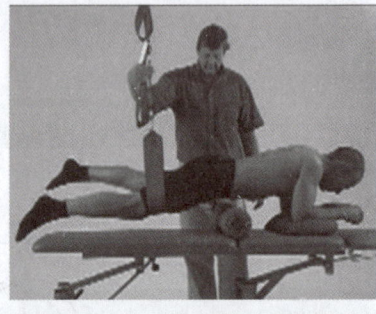
医院康复科锻炼内层肌的方法：悬吊法

越野行走可以锻炼内层肌

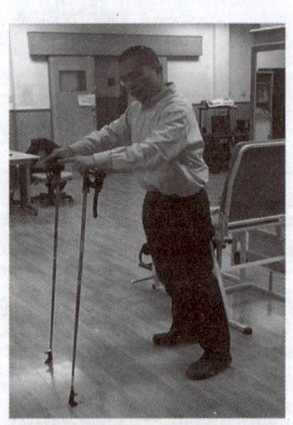
持双杖前推可以锻炼内层肌

（以上数据为北京积水潭医院康复科郭险峰主任提供）

此外，持双杖行走使人体自然挺直，是一种使腰部肌肉放松的行走姿势，对改善形体、缓解腰肌疲劳有很好的效果。2012年对腰、腿存在退行性骨关节病人群的调查显示，经过越野行走锻炼，有78%的人病痛得到了改善。

2012年越野行走爱好者健身效果问卷调查表统计

调查项目	统计类别			
	有效问卷	得到改善	参加越野行走后变化情况	占有效问卷比例
膝关节	494	352	登山能力提高　　　　29	71.25%
			无痛行走距离增加　　102	
			膝关节、腰都有改善　221	
			没有变化　　　　　　139	28.14%
			无痛行走距离缩短　　3	0.61%
腰	424	363	疼痛改善　　　　　　103	85.61%
			无痛行走距离增加　　39	
			膝关节、腰都有改善　221	
			没有变化　　　　　　59	13.92%
			无痛行走距离缩短　　2	0.47%

不易使人疲劳，有利于延长锻炼时间

越野行走的运动者由于上肢参加行走，全身90%的肌肉参与运动，在消耗同样热量的情况下，腿的负荷相对较轻，不易感到疲劳。尤其是在山地行走和长距离行走中，持杖走节省体力、提高运动成绩的作用更加明显。

国际越野行走联合会的实验数据显示，在最大摄氧量和心律明显提高的情况下，持杖走受试者的疲劳评价指数没有明显变化，这说明在达到健身效果的情况下，越野行走相对不易使人感到疲劳。

因此，越野行走更有利于运动者坚持锻炼，延长锻炼时间，并适合用于开展健身旅游。

越野行走

国际越野行走联合会关于越野行走疲劳感觉的实验

国际越野行走联合会的跑台实验

受试者：
28名男性和37名女性。

实验方法：
跑台训练，5分钟。速度分别为每小时3.2公里、3.8公里、6.4公里，测试使用手杖和不使用手杖时，心率（HR）、摄氧量（VO_2）、疲劳评价指数（RPE）的变化。

实验结论：
从实验结果数据中可以看到：
（1）使用越野手杖对男性、女性受试者在提高最大摄氧量、达到有效运动强度方面有明显影响。受试者可在较短的时间内提高运动强度。
（2）使用越野手杖与不使用越野手杖在疲劳评价指数方面差异性不大，使用越野手杖不会给受试者带来额外的运动疲劳。

使用手杖和不使用手杖跑台训练数据比较

性别	男			女		
速度(km/h)	3.2	4.8	6.4	3.2	4.8	6.4
摄氧量 [ml/(kg·min)]	13 20	17 27	24 36	12 18	15 24	21 31
心率(次数/min)	93 110	103 127	122 159	96 113	106 131	124 156
疲劳评价(等级)	7 8	10 11	12 13	7 8	9 11	12 13

说明：表中绿色块中的是不使用手杖的数据
　　　表中灰色块中的是使用手杖的数据

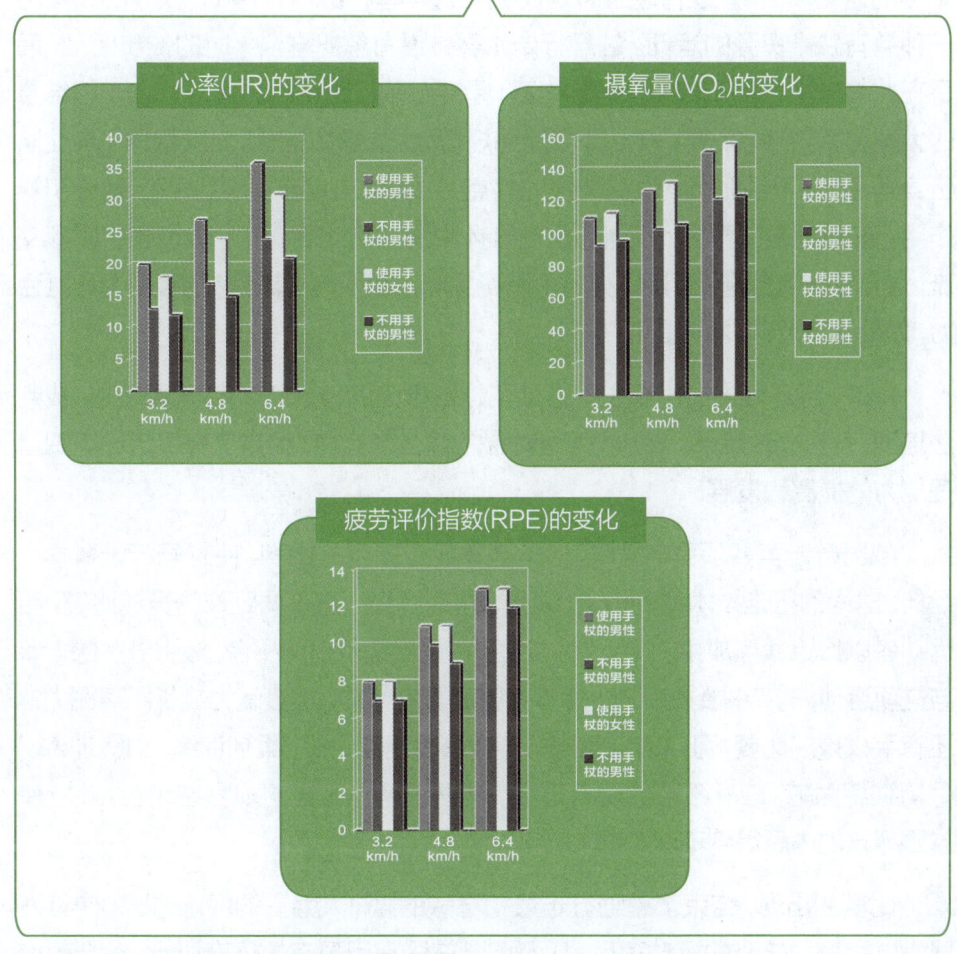

正是由于越野行走独特、优秀的健身作用，德国健康保险公司规定：在获得认证机构认证的越野行走培训班进行培训，可给予80%费用报销。

越野行走从大众健身活动到竞赛项目的飞跃

越野行走是徒步运动中唯一可以进行比赛的运动项目

越野行走是徒步运动中唯一有国内外通行的竞赛规则和裁判法、可以进行比赛的运动项目，这使得越野行走比赛与通常举行的徒步活动区别开来，成为一种拥有独享资源的运动。越野行走比赛并没有忽视群众平时的徒步活动，而是在此基础上增加了专业队伍的比赛，是专业队伍比赛和广大群众徒步相结合的大型赛事。它既保留了群众徒步活动规模大、人数多的优势，又增加了专业队伍竞争激烈、个性张扬、观赏性强的特点，对群众的徒步活动具有示范和引导作用。越野行走世界杯、欧洲杯及世界杯中国站的比赛，进一步增强了国际交流，展示了国内外选手风采，提升了比赛品味，增强了赛事平台的吸引力和融合力，为相关产业的发展提供了条件。

同时，越野行走的比赛引导拉动了越野行走的技术培训和竞赛规则、裁判法培训，促进了教练员、裁判员管理体制的建立与完善，促进了赛事活动组织管理能力的提高和发展。

越野行走竞赛项目丰富，有检验基本行走技术的比赛，使越野行走科学、经典、时尚的行走技术得到传承、发展和不断完善；有不同距离的竞速比赛，给运动者以检验锻炼成果、展示个人能力、实现自我价值的平台，吸引更多的人参与这项运动；有持杖跑的比赛，能够考验竞赛者体能、速度耐力或长距离耐力；还有手杖操的比赛，可以实现越野行走以有氧运动为主，柔韧训练、力量训练、平衡训练为辅，缺一不可的健身理念，丰富了越野行走的观赏性和包容性，使越野行走的内涵得到不断挖掘和完善。

比赛的出现，结束了越野行走最初零散的以个人为主的锻炼方式，使其发展为以比赛为核心的运动项目，从而可以充分利用现有的体育协会，整合政府的公共资源，这对越野行走的发展起到了强大的推动作用。

越野行走竞赛是健身性比赛

越野行走比赛（中国老年人体协称其为交流活动）的定位为健身性比赛，与体育竞技比赛有所不同。竞技比赛以追求更高、更快、更强为目的，一般来说，难免会对参赛者身体造成损害。而健身性比赛则以健身为目的，追求的是更快乐、更高寿、更强健。健身第一，比赛第二。在此基础上举行的竞赛活动，对吸引人们锻炼身体、参加体育运动具有无尽的吸引力。

为了既充分保留竞赛激励人们参加体育锻炼的作用，又尽量避免运动员为争取名次而损害身体，越野行走比赛设置了一系列有效的比赛规则。例如，采用积分制（鼓励多参加比赛）公布名次、成绩，设奖杯、奖牌、证书及少量物质奖励；优胜者的奖金偏低，但中奖率高，让更多的人在比赛中得到适度的奖励等。国外的越野行走欧洲杯、世界杯不设奖金，只设有精美的奖杯；中国老年人体协举办的比赛只设置优胜奖和优秀奖，其中优胜奖占参赛人数的40%，优秀奖占60%，相当于参加比赛的人都能得到奖励。

还需要指出的是，并不是所有的人都适合参加竞赛，越野行走比赛也是如此。不适合参加健身性比赛的运动者，坚持参加健身活动就非常好。即便是健身的时候，也要时时把握一个原则——无痛锻炼，即在健身过程中感到疼痛（不是由于血乳酸堆积造成的肌肉酸痛），如心脏或头部不适、关节疼痛、肌肉拉伤等，一定要停下来休息，若疼痛缓解可继续锻炼，若疼痛不能缓解或加重，一定要去就医。

参加健身性的比赛也是需要"门槛"的。例如，参赛者要有较好的身体条件，心血管病、未能控制好的"三高症"或较严重的腰腿病患者等均不宜参加比赛；要有平时锻炼的基础；需要掌握运动技能；需要有家属的同意等。

目前，中国老年人体协越野行走的竞赛项目有户外穿越、场地接力竞速、手杖操三项。

中国老年人体协越野行走竞赛项目

户外穿越

场地接力竞速

手杖操

越野行走

越野行走徒步赛事的迅速发展

越野行走徒步赛事是指包含越野行走竞赛项目在内的大型徒步赛事，是越野行走竞赛与群众徒步相结合的大型活动。

徒步赛事的模式

越野行走徒步赛事并非只有越野行走比赛，而是越野行走（专业队伍竞速）和群众徒步（可持杖也可不持杖的非比赛的健身徒步）相结合、体育赛事和当地旅游相结合、当地群众和外地群众参与相结合、国内和国际交流相结合，并辅以手杖操热身活动、手杖操垫场表演、当地民俗表演等的大型活动。赛事可以举办一天，也可以持续多天，成为一个全民健身的嘉年华。比赛结束后，参与者还可以继续以持杖徒步的方式在当地及周边的名胜景区开展健身旅游活动。

越野行走徒步赛事的优势

此前，各种徒步活动有很多，有持杖的、不持杖的；有一天的、多天的；有的也称为比赛，但都没有竞速，完成（走完全程）即是胜利。越野行走徒步赛事在传承了上述活动优点的基础上，增加了越野行走的竞赛项目，增加了人与人之间的竞赛，成为运动者展示锻炼成果、体现运动能力、实现自我价值的重要平台，尤其与外国运动员同场竞技也成为吸引人们参加越野行走运动的重要原因。

由于有国际通行的竞赛规则和裁判法，又同国际越野行走联合会有着十几年的对接和合作，国内已成功举办了越野行走世界杯及国际越野行走公开赛等大型赛事，大大提升了越野行走徒步赛事的吸引力和影响力。越野行走赛事正在成长为更大、更优秀的体育赛事平台。

此外，越野行走本身就是走进山、林、湖、海的户外运动，提倡走进大自然的健身理念，与旅游有着天然的内在联系，是与旅游结合最紧密的运动方式。国际性的徒步赛事与体育旅游的紧密结合，也使得越野行走有了更大的魅力。

越野行走徒步赛事的前景

越野行走徒步赛事已经不仅仅是体育活动，而且是赛事举办地弘扬当地文化、宣传生态和旅游资源、推动全民健身、展示当地政绩的平台，更是企业广告宣传的好机会，并逐渐发展成为一项可持续性发展的体育产业。相比马拉松比赛而言，徒步赛事门槛低、参与人数更多、更接地气，也更加安全。

徒步赛事也成为企业、单位开展全民健身、职工运动会的好形式。相比传统的运动项目，徒步赛事更简单、更有趣、更安全，能让更多的人参与到健身中来，利于宣传企业文化、提高员工凝聚力。

徒步赛事的出现，拉动了各种徒步方法的培训，拉动了教练员、裁判员的培训，也拉动了科学健身方式的培训。

有科学的、优秀的健身效果作基础，有国内、国际性比赛以及与旅游紧密结合的活动，徒步赛事正逐步成长为一个多方共赢的、发展前景广阔的体育平台。这不仅是体育部门工作的需求，是体育产业和全民健身体育事业发展的需求，更是人民身体素质与幸福感提高的需求，是地区经济发展和社会福祉提高的需求。

越野行走在中国的三级跳式发展

越野行走作为徒步运动的一种方式，在我国的发展经历了从"健身活动"到"竞赛项目"再到"徒步赛事"的三级跳式的发展。"健身活动"的核心是活动，"竞赛项目"的核心是比赛，而"徒步赛事"的核心是平台，是体育产业。

从健身活动到竞赛项目，是越野行走的第一个跨越式发展。健身是基础，是民间的个人活动，而比赛是竞赛项目，而且是官方体育协会认同并开展的运动项目。竞赛的魅力可以吸引更多的人参加越野行走，更重要的是项目的推广可以享受官方的社会资源，大大推进了越野行走发展的速度。这里，能够成为竞赛项目是关键。并非所有的健身活动都可以拿来比赛，而且比赛必须公平公正，能够得到广大群众的喜爱和参与，才能具备可持续性的发展。

从竞赛项目到徒步赛事，是越野行走的第二个跨越式发展，是越野行走运动项目与市场的结合，是越野行走的市场价值得到了社会认同的体现。这给了越野行走成为体育产业、可持续性发展的广阔前景。越野行走一路走来，不仅

越野行走

丰富了自己，也丰富了徒步运动，使徒步赛事具备了更大的观赏性、参与性和吸引力，进一步提升了徒步运动的内涵和活力。

让我们看看越野行走在中国发展的轨迹：

2003年

在中国体育科学学会的大力支持下，国家体育总局体育科学研究所将越野行走运动引入中国。

2005年

国家体育总局体育科学研究所与芬兰EXEL公司成立合资公司——北欧体育。国家体育总局体育科学研究所越野行走推广中心成立，开始开展以健身为目的的越野行走推广工作。

2006年

以时任国家体育总局局长助理晓敏为团长，社体中心主任李杰、国家体育总局体育科学研究所所长田野为副团长的中国社会体育代表团访问芬兰国际越野行走联合会。

2007—2009年

越野行走的推广得到了国家体育总局体育科学研究所、国家体育总局社会体育指导中心、中央国家机关工会联合会、北京市卫生局、北京市疾病预防控制中心、北京市体育局、北京市登山协会等单位的大力支持。越野行走这项运动也得到了医学专家、健康教育专家的认同，中国医师协会心血管分会把越野行走作为预防和治疗心血管疾病的首选运动方式，全国首席健康教育专家洪昭光、胡大一教授，北京积水潭医院康复科主任郭险峰等许多医学专家不仅积极推广越野行走运动，还身体力行参加越野行走。2008年，国家体育总局体育科学研究所越野行走推广中心更名为北欧越野行走推广中心。

2012年

诺迪沃克北京体育用品有限公司【后更名为鲁滨逊（北京）体育发展有限公司】取代北欧体育正式加入国际越野行走联合会，成为中国加入该国际协会的唯一代表，与中国老年人体协合作，担负起在中国推广越野行走运动的重任。

同年，中国老年人体协通过了全国第一部越野行走竞赛规则和裁判法，推出越野行走的竞赛项目。为了让中老年人更直观地了解越野行走，中国老年人体协将越野行走命名为持杖健走，将越野行走比赛命名为持杖健走交流活动。中国老年人体协的相关工作使越野行走的

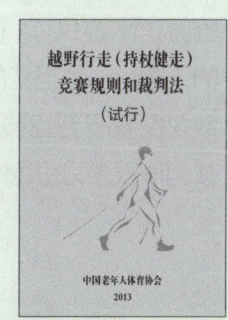

中国第一部越野行走竞赛规则裁判法

越野行走

运动及比赛融合了国家级协会和政府资源,建立了纵到底(从全国、省、市、县的组织机构)、横到边(全国二十几个省及部分体育协会)的完整的组织架构,大大地促进了越野行走在中老年人群中的开展。

2013年

第一届全国老年人越野行走的交流活动在苏州圆满举行。

2014年

中国老年人体协健步走推广委员会成立,成为中国第一个官方推广越野行走运动的组织。国家体育总局社体中心、中国登山协会、各省市体育协会也相继开展越野行走竞赛活动。

比赛的开展,推动了越野行走运动的快速发展。2013年全国性的越野行走比赛只有1个,2014年发展到8个,2016年达到十几个。越野行走的人数也一改当初的慢速增长(从2003年至2012年,全国越野行走的人数仅仅发展到12万人)。自2012年推出中国第一部越野行走竞赛规则和裁判法以来,短短4年之后,参与越野行走的人数已超过100万人。

2015年

经国际越野行走联合会正式授权,国际越野行走联合会中国分会成立。

2016年

2016年以来,越野行走运动蓬勃开展,越野行走徒步赛事展露魅力。国际越野行走联合会(INWA)与中国分会和北京体育大学合作,举办了首届国际越野行走联合会国家级教练员培训班。中国老年人体协连续四年举办全国老年人越野行走交流活动,并成功将越野行走项目纳入由国家体育总局、全国老龄工作委员会办公室、中国老年人体协共同举办的2017年第三届全国老年人体育健身大会(国务院批准的全国老年体育运动会,每四年一届)。国家体育总局社体中心连续三年举办了全国越野行走公开赛,并举办了两届全国绿色运动会越野行走挑战赛。中国登山协会举办了2014中国国际露营大会东平越野行走挑战赛以及连续多年、每年多次的国际越野行走徒步大会。

国际越野行走联合会中国分会还协同国际越野行走联合会与青海省政府、青海省登山协会,连续举办了三届"行走中华水塔"国际徒步活动。2016年,第三届"行走中华水塔"国际越野行走大赛完成了从徒步活动到国际越野行走大赛的华丽转身。

2017年

2017年5月,中国宜兴国际越野行走大赛圆满举行。宜兴在连续两年举办了全国越野行走公开赛之后,成功地举办了国际越野行走大赛。

2017年7月,中华水塔国际越野行走世界杯在青海成功举行。这是越野行走世界杯首次落户中国。

目前,我国各地的马拉松比赛发展火爆。我们的目标就是要把以越野行走引领的徒步赛事,打造成像马拉松比赛一样组织有序、参与广泛的徒步赛事。今天的马拉松盛况,就是明天徒步赛事的目标和前景。

03

越野行走在身体锻炼中的特点和注意事项

简单认识了越野行走，知道了这项运动的由来和特点，明白了使用两支手杖行走能给身体带来的好处，尤其是您还可以参加全国比赛，参加世界杯、欧洲杯的比赛。人生能有几回"搏"，您不想去国际赛场上"搏"一把吗？您是不是已经迫不及待地想置办一身行头，加入到越野行走的队伍中去了呢？别着急，让我们先来了解一下关于越野行走的一些注意事项，如增强健身效果、保护腰腿、防止运动损伤的一些知识。关于越野行走，您还有什么想知道的问题？去看看第五节的知识小问答中有没有解决您的疑问吧！

越野行走中包含的三种运动

从身体锻炼的角度,可以把越野行走中的运动分为以下几种:一是以提高心肺功能为主的有氧锻炼;二是以提高肌肉力量为主的力量锻炼、平衡能力锻炼;三是以增加身体关节活动幅度为主的柔韧性锻炼。这三种运动作用各有不同,但一般以有氧运动为主,其他运动为辅,缺一不可。此外,还要做好热身运动和整理运动。在锻炼中,要坚持无痛锻炼的原则。

有氧运动

人体运动中所需能量主要通过有氧代谢来获得。有氧运动是指能够增强氧的吸入、运输及使用,使人的有氧代谢进入最佳状态的运动。小负荷、多次数的力量练习也是有氧运动。有氧运动的三个关键要素是中等运动强度、长时间有节奏运动和全身大肌肉群的参与。

有氧运动的主要作用是:

01 提高心肺功能。

02 调节血脂、降低血压、降低血糖。

03 提高肌肉耐力。

04 减去多余脂肪。

越野行走

05 升高性激素水平，提高生活质量。

06 安全。

无氧运动

运动中氧气不能充分供给、缺氧状态下的运动是无氧运动。无氧运动主要是抗阻力运动，特点是强度大、时间短。

无氧运动的主要作用是：

01 增加肌肉力量和肌肉重量，健美形体，延缓衰老。

02 消耗更多热量，改善脂代谢。

03 增加胰岛素的敏感性。

04 加强关节的稳固性，减少骨质疏松。

柔韧性运动

使肌肉、韧带得到拉伸，增加关节活动幅度的运动是柔韧性运动。

柔韧性运动的主要作用是：

01
预防运动损伤，尽快消除疲劳，是热身和整理活动的好方法。

02
提高人体的柔韧性，增加关节、肢体活动幅度，使人灵活、敏捷，充满活力。

在健身的过程中，以上三种运动缺一不可，但一般以有氧运动为主。

其实，我们在做其中某一种运动时，其他两种运动也经常会参与其中，只是以某种运动为主罢了。

增强有氧运动健身效果的三大诀窍

无氧运动强度大，无法坚持太长的时间。柔韧性运动强度偏低，对心肺功能的锻炼较差。虽然都不可缺少，但无论从锻炼的效果还是时间来看，有氧运动都占重要地位。因此，掌握好有氧运动的科学健身方法，成为体育锻炼事半功倍的关键一环。

下面就如何提高有氧运动效果的健身方法进行介绍。要想做到既要效果好，还要效率高，同时不受伤，应注重三个要素，或者说三个诀窍，即运动强度、运动时间、运动频度。

达到有效的运动强度

达到有效运动强度是决定锻炼效果的关键。

有效运动强度一般是指中等运动强度，即运动者要达到所谓"有氧运动靶心率"或"有氧代谢有效心率"，基本上是人最大心率的65%~85%，这种状态下，人体对氧的吸入、运输、代谢的程度最佳，氧的利用率最高。若运动强度

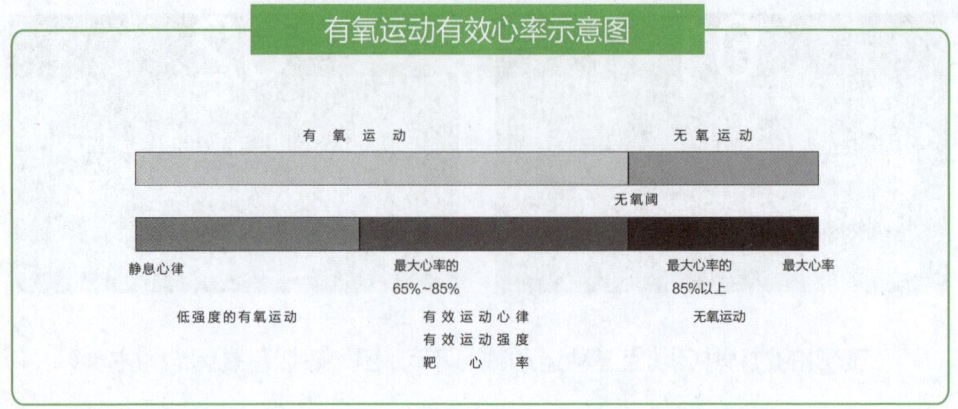

低，运动者心率在最大心率的65%以下，则氧的利用率低，健身效果差；若强度过大，超过最大心率的85%，则氧气不够用，运动者身体进入无氧代谢状态，无法利用脂肪提供能量。

减肥、降血压、调节血脂、降血糖、提高心肺功能等健身目标，只有在中等运动强度下，才能很好地实现。这就像治病，好的药方需要足够的剂量才能发挥作用。在这里，有氧运动就是药方，运动强度就是剂量。过大或过小的运动强度，都会影响健身效果。

适度延长运动时间

在达到有效运动强度的情况下，适度延长每次锻炼的时间，是提高健身效果的诀窍。

在每次锻炼中，达到中等运动强度的时间超过二三十分钟是十分必要的。

有氧代谢是人体在有氧气参与的情况下，通过糖和脂肪的氧化来为肌肉提供能量的过程。但是，脂肪氧化的耗氧量大、动员慢，能量输出功率小于糖的氧化。糖和脂肪氧化达到最大功率的时间分别是3分钟和30分钟，二者相差10倍（摘自高等学校教材《运动生理学》）。因此，在运动的前20分钟左右，身体的供能主要以肌糖原的有氧氧化为主，20分钟后，肌糖原无法满足机体供能时，脂肪才能充分地参与有氧氧化供能。也就是说，"燃烧脂肪"在运动二三十分钟后才能较充分地进行。减去身体多余脂肪的过程，是在二三十分钟以后的锻炼中。所以，我们把达到有氧代谢有效心率20分钟以后的时间，称为"有氧代谢的黄金时间段"。

适当延长每次锻炼的时间，是提高健身效果的诀窍。例如，人每次锻炼达到有效运动强度后，若是只锻炼30分钟，则有10分钟的时间在消耗脂肪；若是锻炼60分钟，运动时间增加了1倍，消耗脂肪的时间却增加了4倍，效率大大提高。在"有氧代谢的黄金时间段"，运动对降血压、调节血脂、降血糖等生理生化指标的改善作用，也达到最佳效果。

利用走路上下班、逛公园等机会也可以实现"有氧运动黄金时间段"的锻炼。因为人们走路上下班、逛公园的时间一般比较长，往往超过20分钟，但缺点是运动强度较低。若能有意识地加快速度，达到有效运动强度，就可以使一般的身体活动变为有效的体育锻炼。

保持合理的运动频度

保持合理的运动频度并持之以恒是提高健身效果的保证。

知道了每次锻炼的最佳强度，也知道了锻炼的最佳时间长度，我们接下来应该关注的就是确定多长时间锻炼一次，这就是锻炼的频度。

合理的运动频度以每周运动3~5次为宜，同时至少应隔天锻炼一次。如果运动强度较低，天天锻炼也行，以第二天不感到疲劳为准则。如果一周锻炼三天，但是只在前三天锻炼，后四天休息，就不太合适。

运动训练学中有一个原理，叫"超量恢复"，即在参加锻炼时，人的身体素质能够得到提高，经过一段时间不锻炼，提高了的身体素质就会降回到原来的水平，但若在身体素质降低之前又继续锻炼，就能在之前的基础上继续得到提高。所以说，锻炼要持之以恒、经常进行，不能间隔太长。间隔太长，我们在每次锻炼时会感到很疲劳，健身效果也不好。根据日本健康教育专家池上晴夫的资料，以每周一次锻炼、三天一次锻炼、两天一次锻炼为例来说明锻炼效果和引起的疲劳之间的关系。

图中，白色柱子代表锻炼效果，深色柱子代表锻炼引起的疲劳，每一根柱子代表一天。

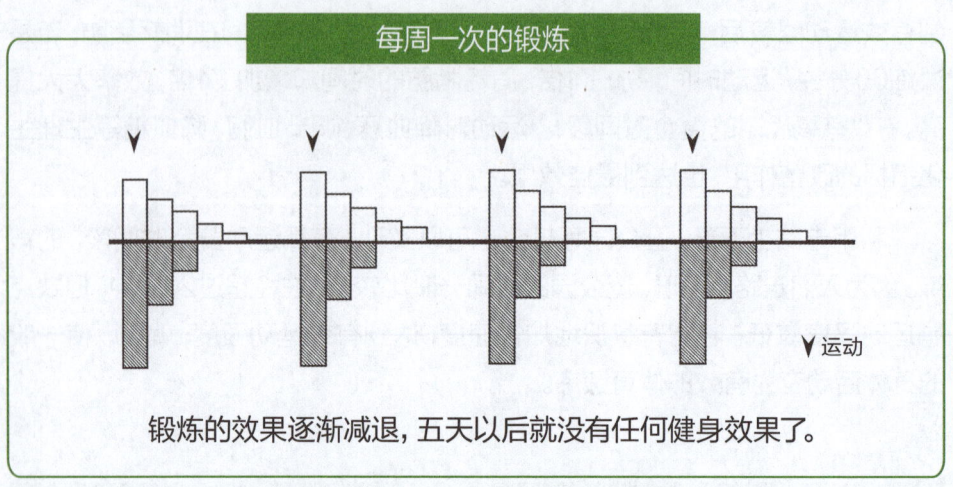

锻炼的效果逐渐减退，五天以后就没有任何健身效果了。

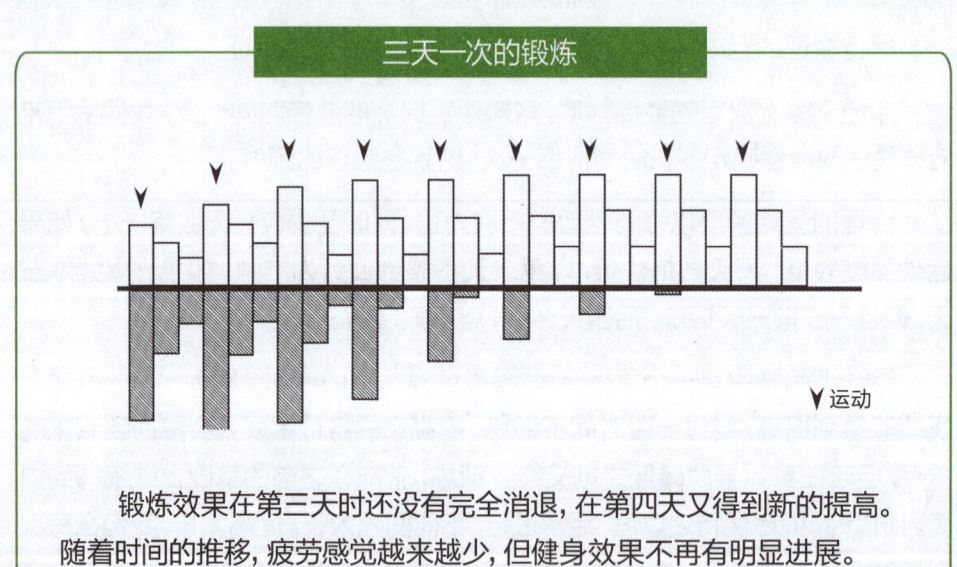

锻炼效果在第三天时还没有完全消退，在第四天又得到新的提高。随着时间的推移，疲劳感觉越来越少，但健身效果不再有明显进展。

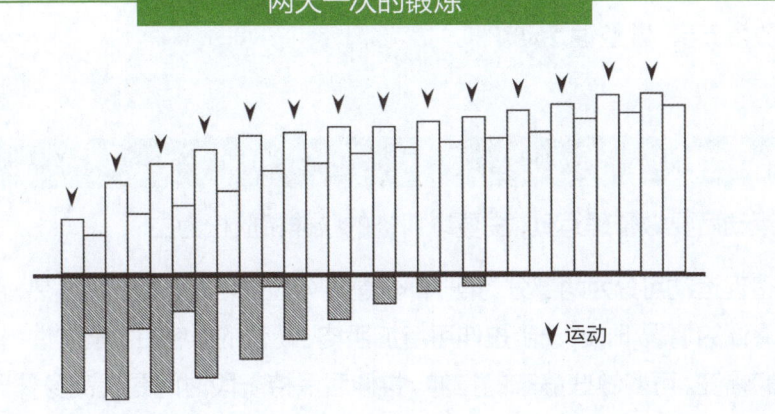

在第三天时，健身效果有明显提高，随着时间推移，疲劳感越来越少，而健身效果达到最高并稳定在较高的水平上。

因此，两天一次锻炼，是较为理想的运动频度。

做好热身运动和整理运动

必不可少的热身运动

越野行走前，一定要做好热身运动，参加比赛之前更是如此。

手杖操就是很好的热身运动。少则三五分钟，多则七八分钟，热身活动可以使静止僵硬的肌肉逐步发热，增加延展性和收缩力，提高运动能力，避免拉伤；使关节增加关节液的分泌，润滑关节，增大关节活动幅度，减少关节磨损；更重要的是使心脏也得到"预热"。不做热身的话，我们身体的神经、心肺、能量代谢系统激活的速度跟不上大强度运动的需求，往往会出现"极点"现象，即突然感到心跳加快、气喘吁吁、身体不适，虽然降低运动强度后可慢慢恢复正常，但对中老年人来说，还是应尽量避免这些情况，以免造成身体伤害。

做热身操也要循序渐进。可以依照先头后脚、先上肢后下肢、先局部后全身的顺序，节奏先慢后快，幅度先小后大。总之，以负荷由小到大为原则。最后慢慢放慢节奏，做整理活动。

十分重要的整理运动

运动后要做整理运动，主要以肌肉的拉伸和放松为主。

整理运动可分为两部分。第一部分是充分拉伸，在身体已经发热，肌肉的粘滞性降低的情况下，进一步拉伸可增加肌肉、韧带的柔韧性、延展性，提高关节活动的幅度。可多做些静态的拉伸。拉伸后保持一段时间是提高身体柔韧性的好方法；第二部分是放松整理活动，使僵硬的肌肉变得松弛，促使四肢的血液回流，排除血乳酸，减轻肌肉酸痛和运动后的疲劳，有利于日后的持续锻炼。

注意保护腰腿，坚持无痛锻炼

中老年人骨密度下降、肌肉减少、关节老化、器官衰老，是非常需要锻炼的，但一些人碍于腰腿不好，难以锻炼。因此，保护腰腿、延缓关节衰老，成为中老年人身体锻炼中的重要一环。越野行走的重要优势之一就是对腰腿的保护。

发挥腕带的独特作用

腕带是行走杖的专利，是登山杖等其他手杖所不具备的。行走或登山时，手掌的发力是通过腕带传递给手杖的，而不只是直接用手抓握手杖发力。在向下支撑时，手掌可以离开手杖握柄，这时腕带就像个弯形手柄，手杖就变成了顶部带弯把的拐棍，支撑的效果非常好。

改变行走姿势，减轻关节压力

不要以为手杖只能增加运动强度。当改变行走姿势，把健身走改成休闲走、康复走时，使用手杖反而可以降低运动强度，使持杖走变成比徒步走更舒缓、更安全的运动。手杖的支撑角度越直立，减轻下肢关节压力的作用越大。休闲走和康复走就是以减轻下肢关节压力为主要目的运动方式，适合腰腿不好或行动不便的人群采用。

避免关节的过度使用

越野行走中也要避免膝关节的过度使用。越野行走虽然可以减轻膝关节压力，延缓关节软骨的磨损，但不能完全消除关节的压力或完全避免关节软骨的磨损。越野行走可以减轻对膝关节的压力，是在同样条件下与不使用手杖的运动相比。若参加越野行走后，兴趣很高，一下子增加了很多的运动量，反而会增加关节的磨损，即过度使用关节造成的磨损。

那么，如何避免这种情况呢？其一，运动量不宜过大，要循序渐进；其二，健身走与休闲走的方式要交替使用，在超过40分钟较长的行走过程中，应注意改变行走姿势，除采用标准姿势行走的健身走姿势外，还可适当采用休闲行走姿势，以改变膝关节的受力部位，避免某一部位过度磨损。

坚持"无痛锻炼"的原则

无论是锻炼身体还是参加越野行走比赛，越野行走时必须掌握"无痛锻炼"的原则，即锻炼过程中，若出现肌肉拉伤、关节扭伤、心脏不适、突然头晕等现象，一定要停下来休息甚至停止锻炼。当然，由于血乳酸堆积造成的肌肉酸痛、由于准备活动不够造成的"极点"现象（呼吸心跳突然加快）等不在此列。

锻炼就是要给身体增加运动负荷，这样才能提高心肺功能和肌肉力量，但负荷过大造成运动损伤，就得不偿失了。腰腿关节的修复性锻炼也是如此，不能越锻炼，对关节的损害越大。比赛中若感到身体不适，就不要坚持，身体第一，名次第二。总之，在锻炼和比赛中，要掌握一个"度"，保持身体素质可持续性提高并避免损伤，这个"度"就是"无痛锻炼"原则。

越野行走

尤其是对中老年朋友来说，不要以为有了手杖就可以随心所欲地运动和旅游了，要注意运动时间不要太长、强度不要太大，若感到疼痛或拉伤，一定要休息或者就医。不痛了再锻炼，是保持锻炼的可持续性和良性循环的重要原则。

越野行走知识小问答

为什么越野行走不能只用一支手杖？

使用双杖是越野行走独具的特性。双杖能使人全身90%的肌肉参与运动，并具备独特的防护功能。

一支手杖只能起到拐棍的作用，而两支越野行走手杖不仅具备拐棍的防护功能，还具备很多其他效果：一是提高了行走的安全性；二是使人的上肢也得到锻炼；三是能够培养协调能力和延长锻炼时间；四是避免了长期使用单杖，一旦不用时，出现身体重心习惯性偏向一侧、站立不稳的毛病。因此，越野行走手杖也成为腿脚不好、但可以行走的病人们康复锻炼的好器械。越野行走技术培训时，我们经常说的一句话是："手杖的支撑点，放在身前是拐棍，放在身后是健身。"

为什么一定要用专业行走杖？登山杖与行走杖有什么区别？

为了保证运动的专业性和安全性，在越野行走时一定要使用专业行走杖。专业行走杖与登山杖、滑雪杖等有许多区别，最主要的是：

01 功能的区别

登山杖的主要功能是登山时的防护作用。越野行走手杖既要适合登山，也要适合行走，还可以辅助做操，具有健身和防护的双重功能。

02 设计的区别

越野行走手杖对杆体形状、手柄、腕带、防滑橡胶头等都做了专门的设计，其目的是要完成越野行走的技术动作，达到良好的健身效果。登山杖的设计无法完成越野行走的技术动作，甚至会造成关节损害。

03 杆体材质的不同

登山杖杆体多为铝合金，而越野行走手杖杆体是碳纤维及玻璃纤维合成物制成的，就像撑竿跳高的杆体：轻、有弹性、具有足够的支撑力。这种材料除了轻便、易于操控以外，最主要的优势是可以减震，能够保护腕关节。登山杖中，低档次的铝质杆体不够结实；高档次的铝质杆体结实但过于笨重，不易操控。最不合适的是铝制杆体没有弹性，无法吸收杆体推地带来的振动，即便换上越野行走手杖的腕带和防滑减震橡胶头，对手腕的伤害仍在不能允许的范围。

04 部分登山杖有减震弹簧

有的登山杖在杆体中装有一节弹簧，下山时可起到"减震"作用，但在上山需要"借力"时，却产生"泄力"的作用。越野行走需要借助向后推手杖的力量前行，弹簧的"泄力"作用显然不合适。

为什么越野行走的标准姿势不再采用大步行走？

2016年，在北京举办的"2016国际越野行走联合会国家级教练员培训班"上，国际越野行走联合会国际级教练员马克先生在示范标准技术动作时，没有展示大步行走，并且对考核中步子较大的学员进行了纠正。他强调，我们在迈步时，骨盆和双肩须围绕身体纵轴转动，髋关节连线与身体额状面的夹角不应超过5度。

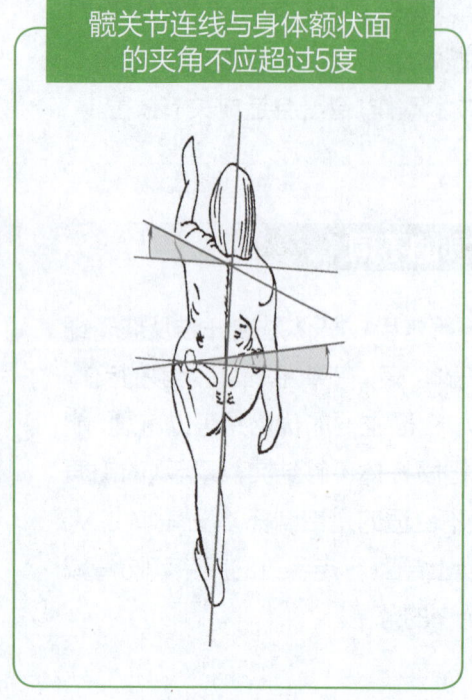

髋关节连线与身体额状面的夹角不应超过5度

这样的动作要求,限制了步幅,叫停了曾经作为越野行走标准姿势的大步行走。此前,外国教练员都把大步行走作为标准姿势的最终阶段、最经典的技术动作。大步行走潇洒、帅气,健身效果好。各种健身数据的上限,都是可以通过大步行走来实现的。当然,我们也知道,大步行走对膝关节及踝关节造成的压力较大,因此也专门提出过腰腿不好的人群不适宜大步行走。而此次培训班指出,即便是健康人群,也要控制大步行走动作。大步行走不再是学员必须要掌握的标准技术动作,而是根据自己的身体情况决定是否采用的动作。

认真研究一下,叫停大步行走,还真有其道理。其一,国外研究表明,支撑腿垂直地面且手杖推撑时,膝关节压力降低最高达体重的10%,但前摆腿后脚跟着地时,膝关节的压力却没有减少,步幅越大,前摆腿与地面的夹角越小,前进的阻力越大,膝关节受到的冲击力也越大,且触地的时间也相应延长。此外,在行走中,膝关节面的磨损,除了有纵向压力的原因,还有水平的磨损,这种磨损即便是使用手杖也无法改善;其二,国内的实践也得出了类似的结论,一些人经过锻炼,降"三高"减肥的效果显著,但膝关节开始疼起来了。为此,我们指出,越野行走可以减轻腿的压力,但无法完全消除腿的压力。过度的运动负荷,不恰当的行走姿势,也会造成膝关节的伤害。例如,你平时每周走2次,现在每周走5次,就有可能造成损伤,在这种情况下,再大步行走,后果会更严重。因此,我们专门总结提出了适合腰腿不好的人群的行走方法,其中包括减小步幅、身体重心稍靠前、增强前摆腿落地后的滚动性、手杖的支撑可更直立一些、上臂根据情况可以弯曲肘关节等减轻腿部压力的措施。

尽管如此,大步行走仍不失为越野行走中优秀的技术动作,在健身中仍可间断性地采用。尤其在比赛中,优秀运动员的步幅都是很大的,并与他们较快的步频相匹配。而且与跑步相比,无论怎样大步走,对腿的压力也只有跑步的36%。

国际越野行走联合会在标准行走技术中叫停大步行走动作,凸显出对保护腰腿的极度重视,也表现出一种根据实践情况,不断调整、不断完善行走技术的科学态度。

为什么中老年人锻炼要"有限的膝盖省着用"?

一个人的骨密度、骨质在35岁左右达到最高值,医学上称为骨峰值。此后,随着年龄的增大,骨质就处在一个维持和逐步丢失的过程中。简单说,就是骨头磨损了,就再也长不起来,如果损伤过大,只有更换人工关节一条出路了。因此,"有限的关节"必须"省着用"。

没有"省着用"的表现有哪些呢?

01 过度使用

例如,长期不适当的跑步、爬山、跳跃等,使关节软骨磨损乃至完全磨掉。此外,肥胖、体重过大,也容易造成上述的结果。

02 保养不够

加强对膝关节的保养很重要的一点在于适度运动。其一,适度运动可以增加关节周围肌肉的力量,加强关节的稳固性,从而减少软骨的磨损;其二,适度进行有撞击性的运动,就是既不过度(避免软骨过

越野行走

快磨损），还要对骨骼有一定的机械性撞击作用（增强软骨的营养）的运动。要知道，膝关节软骨几乎没有血管，软骨浸泡在关节液中，因此营养绝大部分从关节液中得到。软骨像一块浸满水的"硬海绵"，给它适度的压力，"海绵"里的水就被挤出来；压力消失，"海绵"就把关节液吸回去，这样就进行了营养交换。若没有这种适度的压力，软骨的营养就差，衰老就快。但如果压力过大，把"海绵"挤破了，那就是过度使用。总之，进行有撞击性的运动，同时又控制在不要过度的程度，是运动中"有限的关节省着用"的好方法。

为什么老年人锻炼不能逞强？

不能逞强有两个含义。一是不要同别人比，不要去争什么第一第二。每个人的体质不一样，别人可以做的，你未必也可以做，拿自己的健康冒险很不值得；二是不能同自己比。不要以为自己以前可以登上的山，以前可以完成的运动量，现在也可以去完成。老年人年纪越来越大，体质越来越消退，这是退行性的变化，可思想往往停留在以前的状态，没有意识到身体素质和机能已经发生了退变，或是想到了，还不服软，结果常常是等到出现了运动损伤才后悔。因此，老年人锻炼，不管以前是多么强健，一旦感到不适，一定要停下来休息，千万不要逞能，安全第一。即便是参加比赛，也是为了增加锻炼身体的乐趣，身体第一、比赛第二，这个原则不能变。

老年人锻炼有三大原则：循序渐进、经常性和个别对待。"不能逞强"算是第四条原则吧。这个原则，屡屡提示，却屡屡有人违反，老年朋友们，千万注意呦!

为什么越野行走可预防老年人跌倒？

据美国亚特兰大疾病防控中心调查，65岁以上的老年人，每年每3人中就有1人有跌倒的经历，2010年，230万老年人因跌倒损伤被送至急诊室，其中约66万人入院治疗，直接产生医疗费用高达300亿美元。北京市疾控中心在北京市东城、西城、朝阳、通州4个区进行的抽样调查显示：60~69岁老年人每年跌倒发生率为9.8%，70~79岁为15.7%，80岁以上为22.7%，老年人每增长10岁，跌倒发生率将增高0.5倍左右。跌倒排在导致伤害死亡原因的第4位，在65岁以上的老年人中更是居于首位。

尽管如此，老年人摔倒还是可控可防的。如何预防？方法多样，但保持适当的体育锻炼非常必要。其中，越野行走是个好方法。

越野行走是以有氧运动为主，以力量训练、平衡训练、柔韧训练为辅的运动，对预防老年人摔倒效果显著。一方面，它可以提高神经系统的平衡能力，增强灵敏性和反应能力，使老年人更好地预知会出现跌倒的情况；另一方面，它能增强肌肉力量，提高柔韧性和关节活动幅度，在即将跌倒的时候，老年人能够在神经系统指挥下顺利地完成防止跌倒的动作，而不会出现心有余而力不足的情况。此外，有了手杖的支撑，原本行走困难的人群也可以参加行走锻炼，相当于增加了能够预防跌倒的人群数量。

我们每一次的运动锻炼，其实都是在模拟即将跌倒时，身体防止跌倒的调节能力。经过多次练习，预防跌倒的能力就提高了。

为什么越野行走减腰围、瘦身的效果好？

腰围指标比体重指标更能反映出一个人的身体状况。一般来说，男性腰围不应超过90厘米，女性腰围不应超过80厘米。若腰围过大，说明内脏脂肪过多，是心血管疾病的重要危险因素。越野行走减腰围的效果好，原因主要是以下几个方面。

其一，越野行走的技术动作要求双臂前后摆开，使双肩的连线出现一个前摆的角度；要求后腿蹬直，前腿多迈出5~10厘米，使髋关节连线也出现一个前摆的角度。这样，每走一步，都能使腰部形成一个较大的扭动，这种扭动，对消除内脏脂肪、缩小腰围作用明显。

越野行走

越野行走中腰部的扭动

好,其实事实并非如此。仰卧起坐可以很好地锻炼腹肌,但是很难坚持足够长的时间,因此对消耗脂肪作用不大。

越野行走对女性朋友去除上臂的赘肉(俗称蝴蝶袖)也很有帮助。喜爱走路锻炼的女性朋友很多,但很少有人锻炼上臂。越野行走可以在走路的过程中锻炼上臂,非常方便有效。

为什么越野行走降血压、降血糖、降血脂的效果明显?

越野行走降"三高"的效果明显,有如下几个原因。

01

有氧代谢是在肌肉的线粒体中进行的,参与运动的肌肉越多,有氧代谢的程度就越高,健身的效果也就越好。通常的走、跑、登山运动只能动员人体约50%的肌肉参与,而使用两支手杖行走时,可使人上肢以及肩、背、腰同时参与运动,达到全身骨骼肌的90%,因此相比其他运动效果会更好。

其二,越野行走很容易达到有效运动强度,并有利于延长锻炼时间。想减肥、减腰围,光靠扭动是不行的,只有在达到有效运动强度,并保持适度的运动时间时,这种扭动对消耗腰部的脂肪才有重要意义。

越野行走同时满足了这两个条件,因此减肥、减腰围的效果才好。

许多人认为仰卧起坐减腰围效果

02

越野行走与普通行走相比，达到相同运动量的情况下，运动者的心率多提高13%，热量多消耗20%~46%。越野行走很容易达到中等运动强度，使运动者达到有氧代谢的有效心率，这是优于其他运动的关键所在。

03

越野行走快乐运动的特质，使人们在得到健身效果的同时不感到累，可以延长每次锻炼的时间，尽量利用"有氧代谢的黄金时间段"提高健身效率，还可以延长总的锻炼时间，取得更多的锻炼成果。由此而派生的越野行走健身旅游，寓健身于娱乐之中，吸引了广大群众积极参与。

04

可以保护膝关节是越野行走突出的功能。在日常的运动项目中，若以达到有效运动强度为前提进行膝关节压力的比较，除了游泳和骑车，其他运动项目都不如越野行走。许多人健身效果不好，不是不知道怎样锻炼，而是苦于腿脚不好，无法进行锻炼，越野行走给这部分人群提供了有效的健身方式。

总之，越野行走相比其他运动，可以使身体生化指标发生更多有益的变化，并有很好的防护功能，适合更多的人群参与。我们所做的172人的问卷调查也支持这一结论，即越野行走降"三高"的效果明显。

越野行走

为什么越野行走可以预防和治疗肩周炎？

肩周炎以肩部疼痛和活动受限为主要症状。越野行走时手臂的前后摆动，手杖操中的回环、旋转、举臂等动作及拉伸练习中的压肩等，包含了所有肩周炎的运动疗法。许多"走友"经过锻炼，改善了肩部小肌肉力量及肩关节柔韧性，疼痛减轻、肩部活动范围加大，生活质量得到了有效提高。

糖尿病前期和糖尿病患者如何进行越野行走？

01 每周锻炼三次至五次，每次30分钟至1个小时。

02 运动强度不宜过大，运动时间不宜过长。

03 循序渐进，从低强度开始逐渐达到中等运动强度。

04 以降糖为主要目的的锻炼，餐后60分钟至90分钟开始为好。

05 可以进行步行锻炼且上肢可以撑手杖活动的人，才可以进行越野行走锻炼。

06 要做好热身活动。

07 经常验血糖，掌握血糖变化。配合药物治疗，不能随便减药、停药。

08 防止低血糖的发生。运动前，胰岛素可注射在腹部，不要注射在四肢的肌肉群，以免运动造成肌肉活动旺盛、胰岛素吸收过快形成低血糖。外出旅游等较长时间的锻炼时，要带些巧克力、葡萄干、面包等食品，以备出现低血糖时食用。

09 穿合脚、舒适的鞋子，避免脚部损伤。

10 禁忌症（本数据摘自刘尊永主编的《糖尿病综合防治指南》）
- 血糖控制很差。
  空腹血糖 ≥15mmol／L
  空腹血糖 ＞13mmol／L，并尿酮症时
- 较严重的糖尿病大血管病变（只能低强度的活动）。
- 较严重的糖尿病眼底病变。
- 较严重的糖尿病肾病。
- 有神经并发症如足部溃疡等。
- 绝对胰岛素缺乏症，例如严重的Ⅰ型糖尿病。

04

从现在开始越野行走吧

　　现在,我们已经做好了准备,马上去挑选两支好用的行走杖,开始我们的越野行走之旅吧!越野行走可不只是拿着手杖直接往前大步走这样简单的动作,它包含了平路行走、山地行走、手杖操、持杖跑等多种多样的形式和内容。在很多运动会和文体活动中,还可以利用行走杖进行丰富多彩的手杖游戏。本章对这些越野行走方式的动作要领都做了介绍。平时喜欢健身走、慢跑的朋友可以尝试学习一下持杖走,平时喜欢广场舞、健身操的朋友不妨来学一套手杖操,甚至尝试大胆地挑战一下手杖花优美的动作和姿势吧!

科学挑选和使用行走杖

什么是行走杖

行走杖是专门为越野行走运动设计的手杖,不同于登山杖和滑雪杖,更不是普通木棍所能代替的。

由于越野行走运动形式多样,健身效果明显,还能举行越野行走比赛,对器材的要求较高,既要适合行走,也要适合登山,还要可以做手杖操。专业手杖必须适合参加比赛,有利于提高运动成绩。因此,行走杖必须使用适合的材质,经过专门设计,其主要特点如下:

01 双杖同时使用,产生1+1>2的作用,兼具健身和防护双重功能。

02 手杖分左手杖和右手杖,握柄、腕带均经过单独设计,更符合人体工程学原理,舒适、保护作用好。

03 握柄、腕带、防滑减震头等享有专利,非专业手杖由于没有专利,无法模仿,专业性受到影响。

04 杆体采用碳纤维制作,重量轻、弹性好、操作性强,是铝合金杆体无法比拟的。

行走杖的结构

行走杖一般由以下部分组成:杆体、握柄、腕带、杖尖和小靴子防滑头。

越野行走

握柄

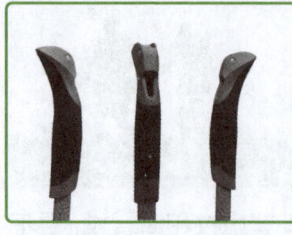

握柄为左手和右手做了分别设计,是充分考虑了人体工程学原理的异型结构,很适合抓握,行走、登山、做操使用起来都很舒适。握柄与腕带的连接口也是专门设计的,与之配套的腕带连接后,可很好地适应越野行走的技术需求,并起到保护作用。

杆体

杆体由碳纤维或碳纤维合成物制成,每支只有150克(3两)左右,既有很好的弹性,又具备足够的支撑力,是重量、弹性、支撑力的完美结合。杆体上粗下细的形状也充分考虑了杆体支撑的强度和重心的分布,尽可能地提高了使用中的可操控性。

腕带

腕带为左手和右手做了分别设计,突破了手杖只能抓握、用力方向单一的局限,可以方便地向各个方向发力,既可以拉身体向上,也可以向下推,真正起到了"手杖是手臂延伸"的作用,保证了各项技术动作的完成。更重要的是腕带无论怎样使用,都不会影响手部血液的流通,并保证了使用者的舒适。

小靴子防滑头

小靴子防滑头采用耐磨橡胶制作。将防滑头套在手杖尖头上,可以保护杖尖,并避免尖锐的杖尖划破物品。防滑头起到防滑、减震、减少噪音(杖尖接触硬路面产生尖锐的噪音)的作用,适合在马路、石板、台阶、冰雪路等光滑路面行走。设计成小靴子模样,相比圆形的防滑头,减震、耐磨、防滑的作用更好,使用寿命也更长。

杖尖

手杖的杖尖采用钨钴合金制作,坚硬、耐磨。使用手杖尖头,适宜在泥土路、草地、冰雪路、砂砾路面行走。

行走杖的类型

越野行走手杖有固定长度和可调节两种。固定长度从100厘米至130厘米，每隔5厘米就有一个长度规格，运动者可根据身高选用。固定长度手杖整体性好、可操控性强，缺点是携带略有不便。三节可调节手杖打开后可达到130厘米，缩短后只有60厘米；两节可调节手杖打开后可达120厘米，缩短后有72厘米，便于旅行携带。下山时，把手杖调长，会很方便支撑；横穿斜坡时，手杖也可调成一边高一边低，十分方便。

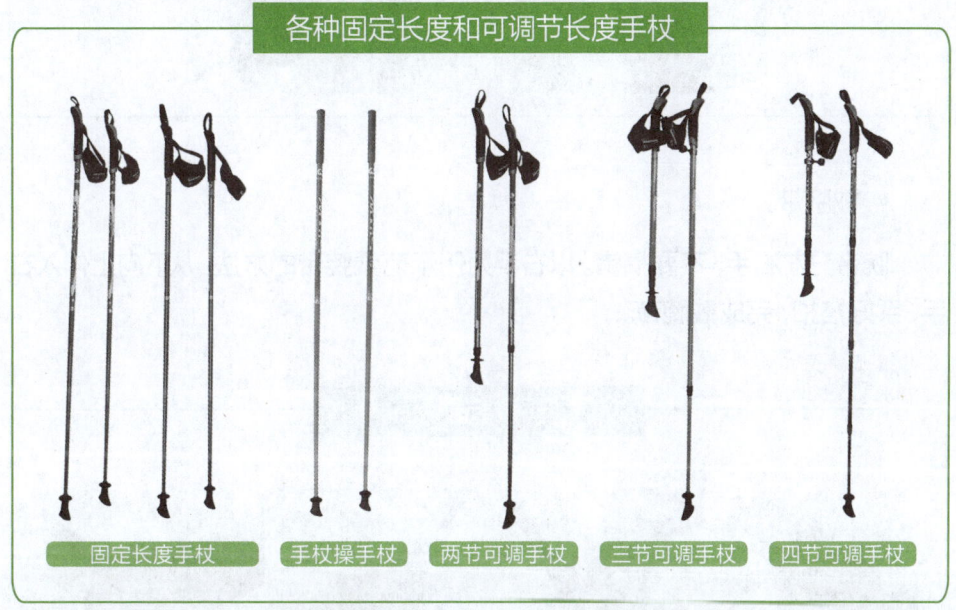

各种固定长度和可调节长度手杖

固定长度手杖　　手杖操手杖　　两节可调手杖　　三节可调手杖　　四节可调手杖

怎样科学正确地使用我们的行走杖

- 选择手杖高度并调整腕带。

手杖以使用者身高的66%为好，或戴好腕带后，前臂与地面平行或稍低即可。

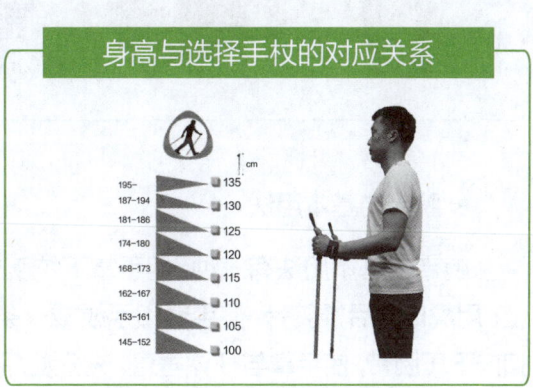

身高与选择手杖的对应关系

- 调整连接手柄的两根腕带。

打开锁卡,调整腕带松紧搭扣,调成一边长一边短。

调整腕带

- 戴腕带。

腕带分左右手,不要搞错。以右手为例示范戴腕带的方法:从下向上伸入右手,系好搭扣,完成戴腕带。

戴腕带

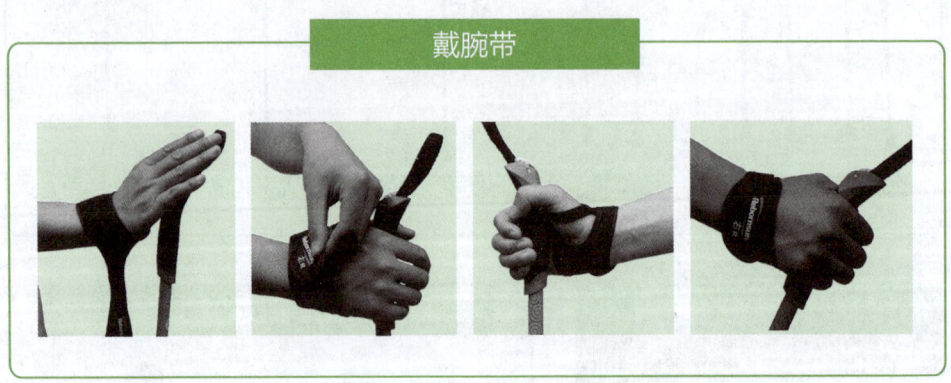

- 腕带的基本用法。

腕带的基本用法有三种:用手掌下拉腕带,不用抓握即可方便地拉身体向上;用虎口向后推腕带,使手臂和手杖成一条直线,充分发挥推杖的作用;用虎口向下压腕带,使手掌与杆体垂直,充分发挥手杖支撑的作用。

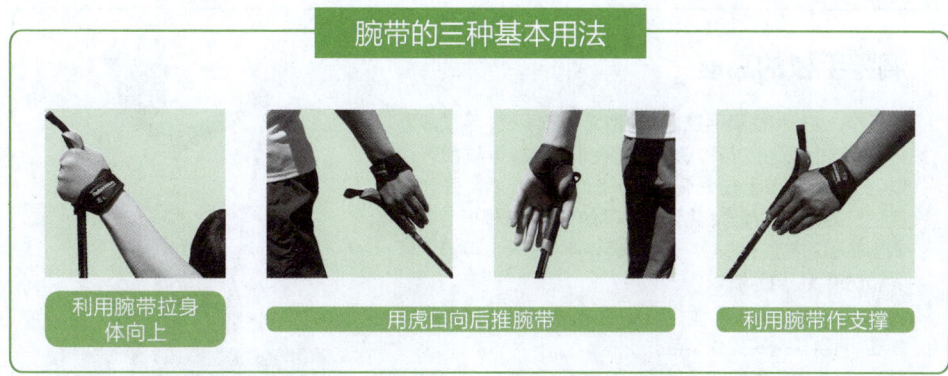

- 根据地面情况选择使用防滑减震头或金属尖头杖尖。

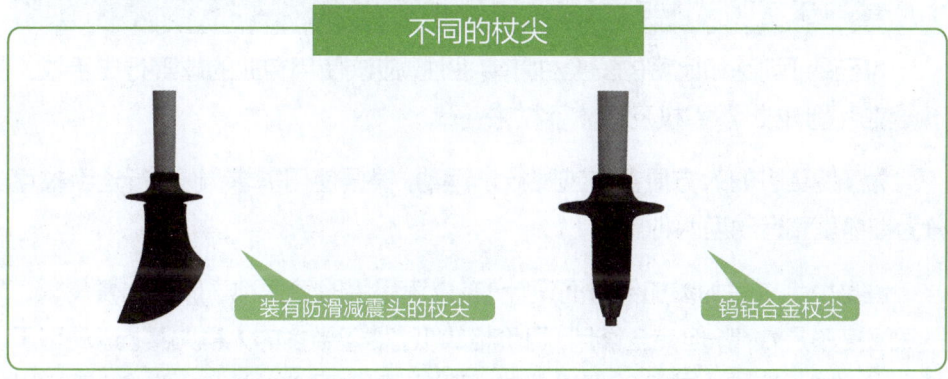

手杖底端有金属尖头的杖尖可用于草地、泥土地、冰雪路面的行走，不打滑。而装上特制的橡胶头（防滑减震头）则可以保证在柏油路、水泥路、石板路等光滑路面上行走时，不仅防滑，还可以减震。

- 可调手杖使用方法。

注意警戒线的位置

拉开相邻两节的手杖时，不要超过警戒线。超过警戒线，手杖很容易损坏；在警戒线以内，手杖使用很安全。

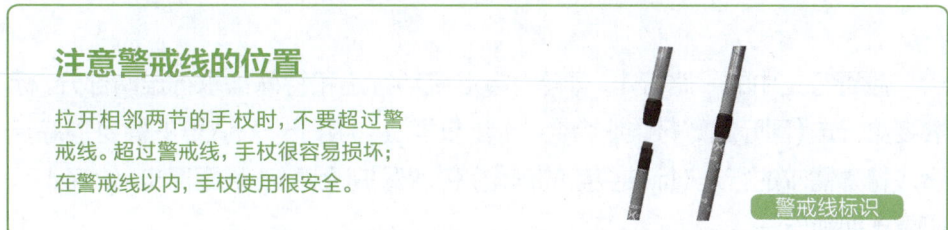

越野行走

> ### 调整手杖的高度
>
> 第一步，拉开和锁紧手杖。转动相邻两节手杖，手杖即可拉开；按相反的方向转动相邻的两节手杖，手杖即可锁紧。三节可调节手杖先调整最下面的一节，要拉开到刻度指定的位置并锁紧；再调整中间的一节，可根据身高，调到需要的高度；最后，一只手握住手柄，一只手握住杖尖和防滑头，用力锁紧。
>
> 第二步，调整小靴子防滑头的方向。防滑头按逆时针方向转动，直至防滑头尖头朝后。
>
> 第三步，将两支手杖调至相同的高度。

用力锁紧手杖，将防滑头尖头方向调至朝后

挑选一支专业的行走杖

为了保证训练和比赛的安全性和专业性，应该使用专业的越野行走手杖。不要使用登山杖、滑雪杖及其他手杖来替代。

为了使更多的人方便参与越野行走运动，根据使用需求，越野行走手杖可分为健身型和运动型两种。

健身型手杖是为参加健身而设计的，以满足平时健身和一般的比赛需求，虽然强度不是最高，但完全够用，且价格较低，便于更多的人群购买。运动型手杖是为参加强度较大的运动而设计的，可以满足大强度的比赛、跑步上下山以及后倒推起等力量练习的需求。体重超过90公斤、身高超过1.8米的人也应该使用运动型手杖。

怎样进行平路行走

越野行走中的平路行走，可分为标准姿势行走和特殊需求行走两部分。标准姿势行走（国际越野行走联合会"十步教学法"）用于一般人群的健身锻炼；适应特殊需求的行走（标准姿势的延伸）包括保护腰腿走、长距离走、快速走、康复走四种走法。

标准姿势行走（国际越野行走联合会的10个步骤教学法）

标准姿势行走（国际越野行走联合会的10个步骤教学法）的内容可总结为四大部分，具体分为10个步骤。

第一部分 持杖前的徒步（第1、2步）

第1步：站姿

身体直立，挺胸抬头，正视前方，肩部放松，身体重心分布在双脚。

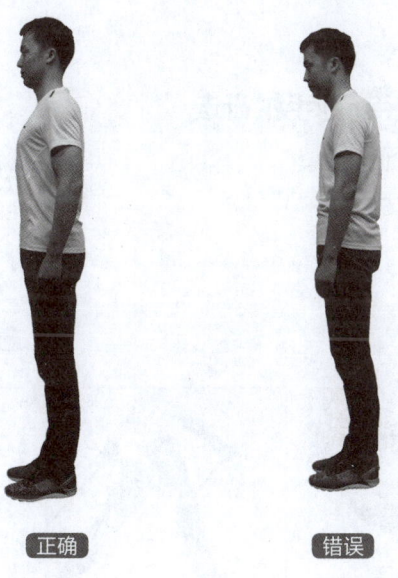

正确　　　错误

站姿动作示范

越野行走

第2步：徒手行走

自然行走，前摆腿，足跟先着地，再过渡到全脚掌着地。后腿蹬直，重心随迈出的腿前移。肘部放松，手臂以肩为轴前后摆动。

徒手行走动作示范

第二部分 持杖训练（第3步）

第3步：持杖戴腕带，拖手杖行走

掌握持杖行走的三个要点：虎口夹住握柄，手杖虚握；手杖斜着向后支撑；手臂以肩为轴摆动。

拖手杖行走

虎口夹住握柄，手杖虚握

手杖斜着向后支撑

手臂以肩为轴摆动

拖手杖行走动作示范

第三部分 细节纠正1（第4步至第8步）（一个迈步周期）

一整个迈步周期包括以下动作：手臂前摆、杖尖触地、后推，再前摆（左右脚各迈一步）。

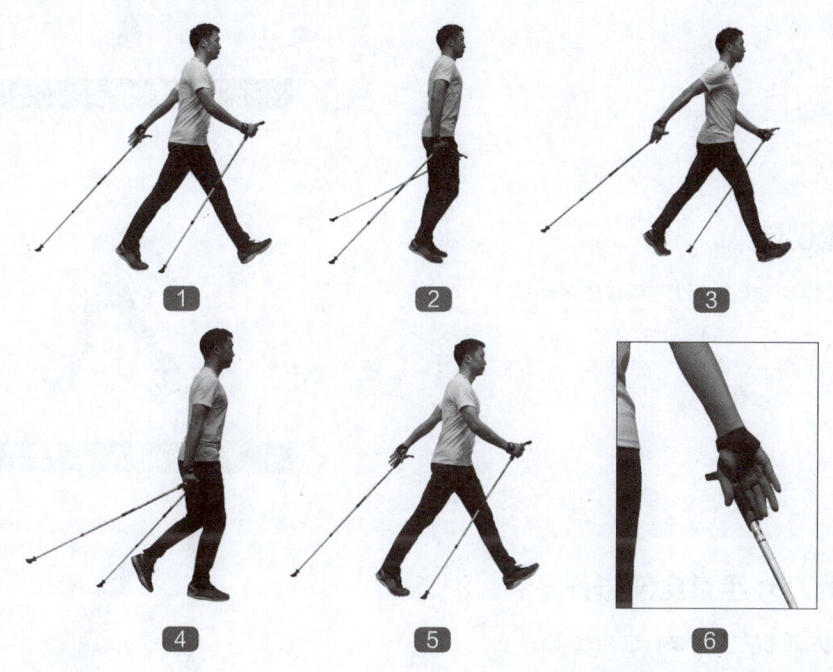

一整个迈步周期的动作示范：第4步至第8步

第4步：前摆手杖触地

手的高度在肚脐处，手杖触地时，以和别人友好握手的力度抓握手杖，手腕平直，手掌不要有屈或伸的动作，杖尖落在两腿之间的位置。

前摆手杖触地动作示范

越野行走

第5步：后推

压腕带后推，手掌逐步张开，掌握发力时机，手杖推至体侧时再发力。

后推动作示范

第6步：

后摆手臂推直，手臂与手杖成一条线。

后摆手臂推直动作示范

第7步：手掌全部张开

虎口面对前下方，掌心面向身体侧。

手掌动作示范

第8步：后摆手回摆至第4步位置

上臂带前臂，杖尖不再拖地，手腕平直，手掌不要有屈或伸的动作。

后摆手回摆动作示范

第四部分 细节纠正2(第9、10步)

这一部分主要是全身的总体协调动作。

第9步:

身体正直,挺胸沉肩,目视前方,重心稍前倾,两臂平行摆动。

第9步动作示范

第10步:

双肩与骨盆以脊柱为轴相对扭转,扭转幅度不超过5度。

第10步动作示范

越野行走

平路行走标准技术动作要求。

分类	技术要求	备注
平路行走标准技术动作总结表		
上肢动作	手臂以肩为轴摆动，上臂也要前摆	
	前摆手高度在肚脐	
	后摆手推至腰后，肘关节推直，手杖和手臂成直线，手掌上翻	
	利用腕带推杆	
下肢动作	双脚、双杖交替触地，且一步一触地	
	支撑腿有蹬直动作	
	不能双脚同时离地	
整体协调	身体直立，重心稍靠前	
	每迈一步，双肩连线和髋关节连线与身体额状面形成夹角，角度不超过5度	
	肩部要放松，手臂推杖时发力，回摆时放松，张弛有度，轻快有力	

适应特殊需求的行走（标准姿势的延伸）

保护腰腿走

保护腰腿走的动作要点是：前脚跟落地要轻，增强脚掌滚动性，减少后脚跟触地时间和力度，减小身体的上下起伏，减小步幅，可稍加快步频。双肩、骨盆可以不扭转，前摆手高度可提高，后摆可以不过腰，肘关节可弯曲。

保护腰腿走

长距离走

长距离走是指十几公里、几十公里，甚至连

续几天的越野行走。长距离走的时候,要注重以下要点:

01
相比标准姿势行走,步幅不宜过大,增强脚掌滚动性,降低手臂前摆高度和摆动幅度。

02
前摆手不要过高,保持手杖45度后推。掌握好发力时机,前摆手触地时不要过早发力,而应在手腕经过体侧时再发力。

03
变换不同姿势行走。例如,走两步、手杖向后推地一次的走法;双杖同时前摆、同时后推的走法;在腰腿的负荷过大产生疼痛时,采用康复走法等。

需要注意的是,手臂过分用力、肘关节弯曲较大、前摆手过高均会增加上肢负荷,造成手臂先于腿脚过度疲劳、疼痛逐渐加剧甚至无法使用手杖的后果。

长距离走

越野行走

快速走

在遵守比赛规则的前提下,快速走需要运动者提高技能和体能,特别要注意以下要点。

01

根据自身体力,尽量加快步频,找到最适宜自己的步幅与步频的平衡点。步幅过大,前脚的制动作用和体力消耗也会增大。在找到适宜步幅的前提下,要提高脚掌的滚动性,不断缩短单脚和双脚着地的支撑时间,加快步频。

02

身体重心稍前倾,走直线,降低身体起伏,控制好手杖后推角度,使之成为向前的助力而非阻力。

03

持杖竞速需要进行赛前针对性训练,提高体能。在5公里、10公里、21公里赛中,最适宜的行走速度不一样,能量消耗方式不一样,训练方法也不一样。

04

竞速赛中,往往几秒之间决定选手胜负。手杖作为比赛辅助工具至关重要。专业手杖在设计、材质、握柄、腕带、杖尖、重量等方面的优势,绝非登山杖或山寨行走杖可比。总体来看,首先,必须选专业手杖;其次,单节手杖比多节手杖好;最后,在强度有保证的前提下,重量轻的手杖好,杆体柔韧性适中的手杖好。

05
一定要做好热身活动和整理活动，避免受伤。

06
保证饮食和营养。运动员在平时训练、赛前、赛中、赛后都要保证营养，科学饮食。

07
无论在训练还是比赛中，都要坚持无痛锻炼的原则，健康第一，比赛第二。

快速走

康复走

康复走没有固定姿势，运动者感觉怎么舒服就可以怎么走，以减轻下肢压力、增加上肢锻炼为主。

康复走

越野行走

越野行走中常见的错误动作和纠正办法

01 走路"一顺边"（迈左腿伸左手，迈右腿伸右手）

走路"一顺边"错误动作

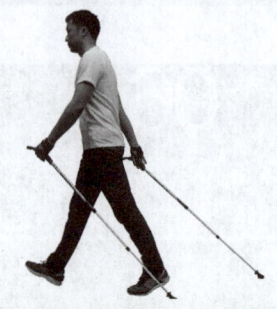
拖手杖行走动作示范

○ 手指稍用力，推动手杖行走。
○ 学习手掌压腕带，利用腕带推动手杖行走。

纠正方法

○ 直立，双手抓住手杖中部，使手杖悬空，然后如平时走路一样行走，行走时手臂摆开。

说明

○ 一定要完成上一步骤后，再进行下一步骤。
○ 若还是无法掌握，可采用教练员在学员身后握住学员手杖的下端、手臂相连、两人用一对手杖行走练习的方法，重复以上步骤学习。

手杖悬空行走动作示范

两人用一对手杖行走练习

○ 直立，直臂下垂，手指捏住手杖上端，杖杆呈45度拖在身后。手臂千万不要有推杖动作，拖着手杖走，手臂要摆开。

02 过度屈肘，上臂没有前摆

过度屈肘错误动作

让学员实践手臂如何以肩为轴摆动和上臂也要前摆的姿势。

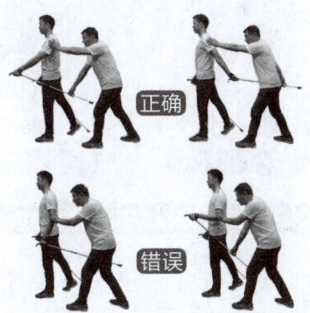

教练员帮助纠正过度屈肘错误动作

纠正方法

○ 预备姿势：直立，直臂下垂，手指捏住手杖上端，杖杆呈45度拖在身后。

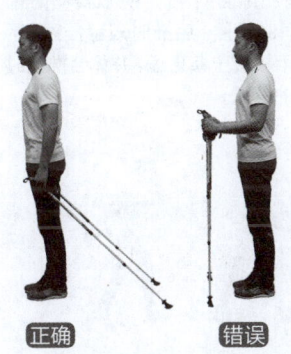

纠正过度屈肘错误动作的预备姿势

○ 教练员站在学员左侧，左手压在学员左肩，右手握住学员手杖中部偏下部位，通过推动手杖带动学员左肩摆动，演示错误动作和正确动作，

○ 要求学员手臂的上臂也要前摆，肘关节基本不要弯曲（有150度弯曲即可），前摆手的高度在肚脐处。
○ 在预备姿势下练习行走。

说明

○ 辅助练习1：直臂前摆和后摆，前摆手臂要自然弯曲，不要僵硬。
○ 辅助练习2：学员行走时，教练员在侧前方持一支手杖横放在学员体前约70厘米、肚脐高度处，跟随学员行走，要求学员手臂前摆时触碰手杖。

辅助练习2动作示范

越野行走

03 后摆手未过腰，手臂未推直，手臂手杖未成一条直线

后摆手未过腰

后摆手臂未推直

手臂与手杖未成一直线

后摆手未过腰、手臂未推直、手臂手杖未成一条直线错误动作

纠正方法

- 预备姿势：直立，直臂下垂，戴好腕带，杖杆呈45度拖在身后。
- 教练员站在学员左侧，左手压在学员左肩，右手握住学员手杖，通过推动手杖带动学员右肩摆动，演示错误动作和正确动作，让学员知道手臂应摆至腰后、手臂应推直、后摆手臂与手杖应推成一条直线。
- 手杖摆至腰后，手臂伸直，手杖与手臂成一条直线，虎口朝上，手掌面向体侧。

- 手臂前摆高度一定不要超过肚脐，前摆过高，后推就无法到位。反复练习。

说明

- 辅助练习1：行走时双臂同时前摆，同时后推。后推时双臂推直，手臂与手杖成一条直线，并体会推杖时发力的感觉。

辅助练习1动作示范

- 辅助练习2：学员行走时，教练员在侧后方持一支手杖，横放在学员体后70厘米、肚脐高度处，跟随学员行走，要求学员手臂后摆时触碰手杖。

手杖摆至腰后动作示范

04 身体前俯，支撑腿未蹬直

身体前俯、支撑腿未蹬直错误动作

纠正方法

○ 预备姿势：直立，直臂下垂，戴好腕带，杖杆呈45度拖在身后。
○ 标准姿势要求身体重心稍前倾是指直立时整个身体前倾，而不是弯腰、躯干前倾。抬起后脚跟，整个身体前倾，体会前倾的感觉。身体前倾时重心的位置不能超过步幅的一半。
○ 支撑腿必须蹬直，双腿屈膝行走是违规。

05 前摆手过高

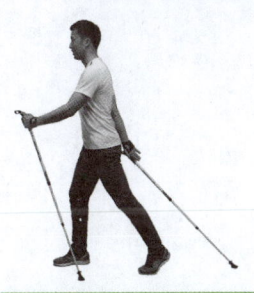

前摆手过高错误动作

纠正方法

○ 前摆手的高度应在肚脐处。

06 身体重心未稍前倾

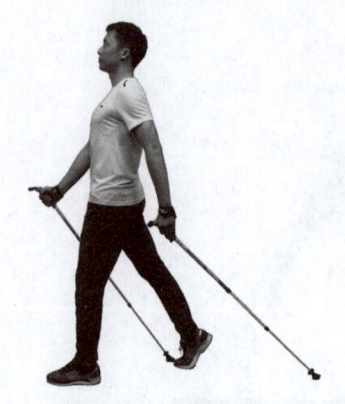

身体重心未稍前倾错误动作

纠正方法

○ 预备姿势：直立，双脚并拢，直臂下垂，戴好腕带，杖杆呈45度拖在身后。
○ 越野行走时，重心要稍前倾。
○ 身体直立，双脚稍抬后脚跟，体会重心前移的感觉。
○ 迈腿前行，身体重心要随着迈出去的腿前移。

07 动作僵硬、不舒展

纠正方法

○ 除了要求动作到位外，越野行走标准动作的精髓是求舒展、自如、放松、灵活。
○ 不要急于感受手杖助推身体前进的力度，推杖时不要发力，手臂摆起，平时怎么走就怎么走。尤其是肩部要放松。

造成动作僵硬的原因

○ 肩部过于紧张。
○ 身体重心未前倾。
○ 回摆手臂未能上臂带前臂。
○ 未能推杖时发力、回摆时放松。
○ 前摆腿落地支撑时间过长。

怎样进行山地行走

山地行走也是越野行走中的重要类别。山地行走主要有以下几种情况。

缓坡上山

身体前倾，手臂支撑用力。也可双臂同时在前，攀登向上，用手臂的力量减轻腿的负荷。

缓坡上山

陡坡或台阶上山

手杖放在体前更高的地面或台阶上，保证杖尖在地上不打滑后，利用手臂拉身体向上。可以两支手杖交替在前，也可以同时在前。当身体上移，手杖的支撑点在身后时，可将身体前倾，手臂弯曲，手掌与手杖垂直，利用腕带下推至手臂伸直，推动身体向上攀登。

缓坡下山

双腿稍弯，身体稍后倾，步幅减小，重心在腿与双杖之间。

缓坡下山

陡坡或台阶上山

越野行走

陡坡或台阶下山

手杖放在下面的地面或台阶上，手臂伸直与手杖成一条直线。手掌与手杖垂直，保证杖尖不会打滑后，身体重心前移，使手臂分担大部分体重后，再迈腿下行。手杖可交替支撑，也可同时支撑。

在使用双杖的条件下，选择台阶下山比缓坡下山更好。因为台阶是水平的，可使前脚掌先着地，再过渡到后脚跟着地，能够有效地减轻地面对膝关节的冲击力。

较高的台阶行走

攀登较高的台阶时，可采用右手在前迈右腿、左手在前迈左腿的方法，比较省力。

较高的台阶行走

陡坡或台阶下山

手杖操

手杖操——越野行走不可或缺的辅助运动

越野行走手杖操（以下简称手杖操），是一种借助两支越野行走手杖所进行的体操项目。手杖操是越野行走运动重要的辅助运动之一。

手杖操包括支撑、杠杆、联动、手杖花四大要素动作。借助手杖，我们能够完成许多徒手操无法完成的动作，使人体锻炼的部位更加全面，关节活动更加到位，肌肉拉伸更加充分，从而达到更好的健身效果。有人称手杖操是使用器械的瑜伽，也很有道理。

手杖的支撑作用，就像舞蹈训练中把杆的作用，可以使身体更加稳定，完成难度较高的训练动作，且对保护下肢关节作用明显。手杖的杠杆和联动作用，强化了拉伸的力度，还可以做到拉伸的方向与用力的方向相反，从而丰富了拉伸肢体的技巧和方法。手杖花的训练，对手腕部及手指关节有极好的锻炼作用，还能带动肘、肩、腰部协调运动，因具有一定的技巧性，所以对培养协调能力和提高锻炼兴趣很有帮助，其独特和多样的表现形式，有利于创编出丰富多彩的操舞动作，既有很好的健身作用，又有很强的观赏性。

手杖操包括热身操、整理操、手杖身体素质训练（包括柔韧性练习、力量练习、平衡能力练习）、有氧健身操、比赛操（自选动作和规定动作）等形式，也可以作为大型活动开幕式表演操和集体热身操。手杖操的出现，使越野行走运动以有氧运动为主，以柔韧性训练、力量训练、平衡性训练为辅，四者缺一不可的健身理念得到充分的体现。

使用手杖做操，手杖的高度调至身高的70%~90%较为合适。

手杖操的四个要素动作

01 支撑

双杖或单杖触地支撑，增强稳定性和保护作用

支撑动作示范

越野行走

02 杠杆

利用手杖以身体某一部分为支点做的杠杆运动,用力方向与拉伸方向相反,以完成徒手操无法完成的动作。

杠杆动作示范

03 联动

双臂联动或与他人联动,增强拉伸力度,以完成徒手操无法完成的动作。

联动动作示范

从现在开始越野行走吧

04 手杖花

通过手腕部的屈、伸、展、收、内旋和外旋，带动手臂在纵轴方向上旋转并带动身体进行其他活动的动作。手杖花的动作使手指、手掌、手腕、手臂得到充分拉伸，有很强的趣味性和观赏性。

手杖花动作示范

用手杖操做三类身体素质训练

01 力量训练

利用手杖做力量训练有其独到的效果，而且很方便进行。在行走途中休息时或行走结束后，我们的身体发热，肌肉粘滞性降低，关节韧带拉开，此时做力量训练最合适。下面介绍三种方式。

手杖俯卧撑

腰臀肌肉收紧，保持身体成一直线；戴好手杖腕带，手掌与手杖垂直，前臂与手杖成一条直线；双杖与肩同宽，在体前约一个身高的距离撑地，保证杖尖不打滑。双手撑杖，利用手杖做俯卧撑，一般身体前倒至手腕部即可，随后用力推起。5~20个一组，可做多组，量力而行。
若要增加难度，可使脚尖位置高于杖尖位置；若要降低难度（一般女性需要），可使杖尖位置高于脚尖位置；若要增加平衡能力的锻炼，可抬起一只脚进行训练。
由于双杖撑地并不稳定，手杖俯卧撑除可以达到双手撑地俯卧撑的锻炼效果外，还有锻炼手腕部力量、腰腹力量及平衡能力的功能。

双杖前推

腰臀肌肉收紧，保持身体成一直线；不戴腕带，双手分别握住手杖握柄上端；双杖与肩同宽，杖尖距脚尖三分之二身高的距离，保证杖尖不打滑；保持身体成直线，双手向前推杖使身体前俯至感到脊柱肌肉紧绷、双臂微颤，但尚可保持身体平衡为止，保持1~2个8拍。注意要在做好热身活动前提下做此练习，循序渐进。
这种训练可以锻炼到脊柱的内层肌，使失活的内层肌重新发挥作用，增强包裹脊柱肌肉的力量，从而提高脊柱的稳定性，是

越野行走

预防腰肌劳损、腰椎间盘突出和康复腰肌劳损的有效办法。脊柱的内层肌不受意念支配,只能通过间接的方法进行锻炼,持杖前推以及持杖行走是锻炼脊柱内层肌有限的几种方法之一。

推手

两人相对,错步成前弓步,双手同时正握一对手杖,互相推杖,使手杖在水平方向来回移动。推杖的力量保持在既不让对方太省力又能够推得动的力度。
推手可锻炼上肢及腰部力量,特点是推力大小可控制,锻炼起来很安全。

手杖俯卧撑

双杖前推(锻炼脊柱内层肌)

推手

力量训练的几种方法

02 平衡训练

脚跟脚尖平衡

前后分腿立,手臂侧平举,双手各拎住一支手杖;前脚抬脚尖,后脚抬脚跟,保持平衡2个8拍;双臂上举,再保持2个8拍。前后脚交换,再做一次。此训练可锻炼平衡能力、腿部力量、手臂力量。

持杖燕式平衡

单腿支撑,身体前俯至水平,双手与肩同宽,直臂前伸;双手撑杖,另一腿后抬至极限。保持2个8拍,换腿再做2个8拍。此训练可锻炼平衡能力及双臂双腿的力量。

单脚支撑平衡

单腿直立,双臂上举,与肩同宽,双手正握杖;支撑腿全脚掌着地,保持1个8拍,随后抬起后脚跟,再保持1个8拍。同样动作,换腿再做。此训练可锻炼平衡能力及脚踝部力量。

脚跟脚尖平衡

从现在开始越野行走吧

持杖燕式平衡

单脚支撑平衡

平衡训练的几种方法

双人背向拉伸

两人同一方向前后站立，使用一副手杖。前面的人两手各持杖的一端上举，手臂伸直，两腿前后分开直立，后面的人拉住手杖另一端不动；前面的人在手杖被拉住情况下，左腿前跨成左弓步，挺胸向前，两臂被向后拉伸，身体后屈舒展。每拍拉伸一次，做1个8拍，换腿再做1个8拍。前后两人交换位置，同样再做一次。此训练可拉伸上臂、肩背部、腹部及胸部的肌肉。

双人侧向拉伸

两人相距一支手杖距离，同向平行站立，内侧手臂前伸，分别反握一支手杖的两端；外侧手臂上举，分别正握另一支手杖的两端；在手臂被固定的情况下，髋部分别向各自的外侧移动成侧曲，保持2个8拍。两人换方向再做一次。此训练可加强手臂、腰部、髋部的侧向拉伸。

03 柔韧性训练

回头望月

右前弓步，身体前俯，左臂曲撑杖；躯干右转至极限，右臂侧上举，头部随躯干转动，保持2个8拍。同样动作，换腿换方向再做一次。此训练能够加强腰部、髋关节、肩部的拉伸。

回头望月

越野行走

双人背向拉伸

双人侧向拉伸

柔韧性训练的几种方法

一学就会。可根据锻炼身体的需要，做一遍或两遍。

01 准备活动（4个8拍）

预备姿势：
站立，两手各持一手杖于体侧，杆头触地。

第1个8拍：
第1~2拍：左腿向前屈膝，右手持杖前伸，左臂持杖后引，向右顶髋1次；

一套热身操："大家一起来！"

下面给大家介绍一套手杖热身操："大家一起来"。这套操音乐优美，动感强烈，朝气蓬勃，营造出一种热烈的气氛。其特点是拉伸全面，强度适中，动作简单，便于模仿。即使没有学过，只要跟着教练一起做，一看就懂，

从现在开始越野行走吧

第3~4拍：同第1~2拍，但左右方向相反；

第5~8拍：同第1~4拍。
第2个8拍：
同第1个8拍。
第3个8拍：
第1拍：左腿向前屈膝，右手持杖前伸，左臂持杖后引，向右顶髋1次；
第2拍：同第1拍，但左右方向相反；
第3~4拍：同第1~2拍；
第5~8拍：同第1~4拍。
第4个8拍：
同第3个8拍，但第7、8拍两腿半蹲，两手滑至手杖中部握住成直立。

02 扩胸运动（4个8拍）

预备姿式

第1个8拍：
第1~2拍：两脚踏步两次，同时两手握住手杖胸前平屈扩胸一次；

第3~4拍：两脚踏步两次，同时两手握住手杖经前举直臂扩胸一次；

第5~8拍：同第1~4拍。
第2、3、4个8拍：
同第1个8拍。

81

03 双臂交叉（6个8拍）

预备姿势：
快速将手杖在手中转成上半段与臂贴紧。
第1个8拍：
第1~2拍：双脚原地踏步，两臂持杖在前下交叉；

第5~6拍：双脚原地踏步，两臂持杖在头上交叉；

第7~8拍：同第3~4拍。
第2、3、4、5、6个8拍：
同第1个8拍，但第6个8拍的后4拍踏步4次，同时将两手杖并在一起，两手握住手杖的中部，两手与肩同高，前臂与地面垂直，两手距离同肩宽。

第3~4拍：双脚原地踏步，同时两臂持杖侧举，手杖与臂在一条线上；

04 胸前推手（4个8拍）

第1个8拍：
第1~2拍：踏步2次，两手持杖前推；

第3~4拍：踏步2次，两手持杖收回至肩前；

第1个8拍：
第1~2拍：踏步2次，两臂持杖前举；

第5~8拍：同第1~4拍。
第2个8拍：
同第1个8拍。
第3个8拍：
第1拍：踏步1次，两手持杖前推；
第2拍：踏步1次，两手持杖收回至肩前；
第3~4拍：同第1~2拍；
第5~8拍：同第1~4拍。
第4个8拍：
前4拍都同第3个8拍；
第5~6拍：踏步2次，同时两臂持杖前推；
第7~8拍：踏步2次，同时两臂持杖至落于体前。

第3~4拍：踏步2次，两臂持杖经上至肩侧屈，杖越过头顶至颈后下压，低头；

05 肩后下压（4个8拍）

预备姿势：

第5~6拍：踏步2次，两臂持杖上举，抬头；

越野行走

第7~8拍：踏步2次，两臂持杖经前落于体前。

第2、3、4个8拍：
同第1个8拍，但第4个8拍的最后2拍，左脚侧出开立，两脚距离宽于肩，同时两臂持杖从上举落于颈后，手握杖的两端。

06 体转运动（4个8拍）

预备姿势：

第1个8拍：
第1~2拍：两手保持颈后持杖向左侧转、振一次，自然弹回；

第3~4拍：同第1~2拍；
第5~6拍：同第1~2拍；
第7~8拍：左脚并于右脚，面向前站立。
第2个8拍：
同第1个8拍，但向右转、振。
第3个8拍：
同第1个8拍。
第4个8拍：
同第2个8拍，最后2拍在收脚的同时，两臂持杖从颈后经头上落至体前。

07 体侧运动（4个8拍）

第1个8拍：
第1~2拍：提踵，同时两臂持杖上举；

第3~4拍：左腿侧出，屈膝成左侧弓步，同时右臂上举不动，左臂经前至右前方；

第5~8拍：保持两手持杖的姿势，上体向左侧屈、振2次。

第2个8拍：
同第1个8拍，但向右侧做。
第3、4个8拍：
同第1、2个8拍，但最后1拍两手右前方体前持杖。

08 侧向伸展（4个8拍）

第1个8拍：
第1~2拍：两臂持杖向左侧伸展，左臂伸直，右臂胸前屈，同时两腿成左侧弓步，手杖与地面平行，面向左侧；

第3~4拍：同第1~2拍，但向右侧做；
第5~8拍：同第1~4拍。
第2个8拍：
第1~2拍：两臂持杖向左侧伸展，左臂伸直上举，右臂伸直左前举，同时两腿成左侧弓步，面向前；

越野行走

第3~4拍：同第1~2拍，但向右侧做；
第5~8拍：同第1~4拍。
第3、4个8拍：
同第1、2个8拍，但最后2拍左脚并于右脚，向左转体90度，同时两臂体前持杖，两手距离约同肩宽。

第3~4拍：重心移至右脚，左脚前点地，同时两臂持杖经下摆回至肩前；

第5~6拍：重心移至左脚，同时两臂持杖从肩前经下前摆至上举，右腿后踢；

09 燕飞伸展（4个8拍）

预备姿势：

第1个8拍：
第1~2拍：左脚向前一步，右脚后点地，同时两臂持杖从肩前经下前摆至前举；

第7~8拍：重心移至右脚，左脚前点地，同时两臂持杖经下摆至肩前。
第2个8拍：
同第1个8拍，但最后2拍右脚落地后，向右转体180度，两手持杖于体前。
第3、4个8拍：
同第1、2个8拍，但左右方向相反，最后2拍左脚落地后向左转体，同时两手各持一杖点地。

10 前点地拉伸（2个8拍）

预备姿势：

第1个8拍：
第1~2拍：左腿前伸点地，脚尖内扣，右腿半蹲，同时左臂向前推伸手杖，右臂屈肘后引，身体随之向右扭转，接着左腿收回并于右腿成持杖站立；

第3~4拍：同第1~2拍，但左右方向相反；

第5~8拍：同第1~4拍。
第2个8拍：
第1拍：同第1个8拍的第1~2拍；
第2拍：同第1个8拍的第3~4拍；
第3、5、7拍：同第1拍；
第4、6拍：同第2拍；
第8拍：左腿并于右腿成站立，两手持杖，杖点地，两杖距离约同肩宽。

11 俯背压肩（6个8拍）

预备姿势：

第1个8拍：
第1~2拍：双手向前推杖，上体前屈压肩，面朝下；

越野行走

第3~4拍：上体后屈成反弓形，两手持杖后引至腰两侧，面向前；

第5~8拍：同第1~4拍。
第2个8拍：
第1~2拍：右臂向前推杖，压右肩，同时左手持杖后引至腰侧，头向左转；

第3~4拍：上体后屈成弓形，两手持杖后引至腰两侧，面向前；

第5~8拍：同第1~4拍，但第5~6拍与第1~2拍左右相反。

第3、4个8拍：
同第1、2个8拍。
第5、6个8拍：
同第1、2个8拍，最后1拍站立，两手持杖于腰两侧。

12 侧踢腿 （4个8拍）

预备姿势：

从现在开始越野行走吧

13 前踢腿 （6个8拍）

预备姿势：

第1个8拍：
第1~2拍：半蹲，两臂前举持杖，面向前；

第1个8拍：
第1~2拍：半蹲，两手经腰两侧向前推杖；

第3~4拍：两手持杖收至腹部两侧向侧打开，同时左腿侧踢约90度；

第5~8拍：同第1~4拍，但踢右腿。
第2、3、4个8拍：
同第1个8拍。

14 跳跃运动（4个8拍）

第3~4拍：两腿伸直，左腿前踢至水平；

第1个8拍：
两手各持手杖在体前两侧支撑，两腿交换做前踢腿跳，1拍一次。

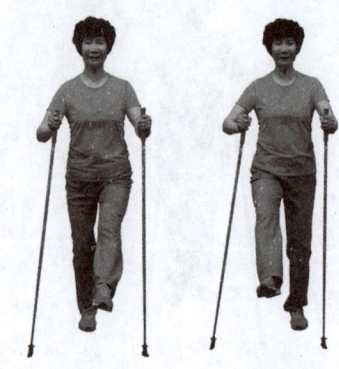

第5~8拍：同第1~4拍，但踢右腿。
第2个8拍：
同第1个8拍。
第3、4个8拍：
同第1、2个8拍，但左腿踢向右前方，右腿踢向左前方。

第2个8拍：
节奏同第1个8拍，但两腿做屈膝后踢腿跳。

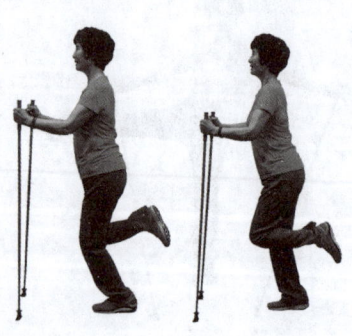

第5、6个8拍：
同第1、2个8拍。

第3、4个8拍：
同第1、2个8拍，但最后2拍两腿站立，两手把两个手杖放在一起，握在手杖的中部，两手距离同肩宽。

15 整理活动 （4个8拍）

预备姿势：

第1个8拍：
第1~4拍：两手持杖，屈臂使杖贴着身体向上至伸臂上举，抬头；

第5~8拍：左脚向前一步，右脚跟上，同时两臂持杖，经屈臂使杖贴着身体向下至两臂伸直、体前屈。

第2个8拍：
同第1个8拍，但第5~8拍右脚向后一步，左脚跟上。

第3、4个8拍：
同第1、2个8拍，但最后4拍站立，右手握住两杖，垂直于体前，两手分别各持一杖，置于体前两侧触地。

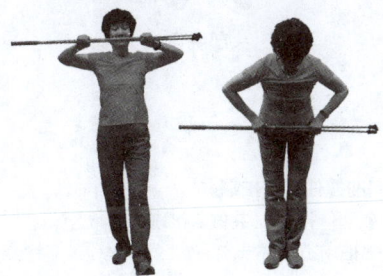

16 放松活动（2个8拍）

预备姿势：

第1个8拍：
第1~2拍：两臂持杖经前向侧打开，提踵；

第3~4拍：两臂持杖经前收至腰两侧，落踵；
第5~8拍：同第1~4拍。
第2个8拍：
同第1个8拍。

越野行走

一套整理操

下面介绍一套整理操。

01 头部运动 4×8拍

预备姿势　第1拍　第2拍
第3拍　第4拍　头部绕环

预备姿势：两脚与肩同宽，手杖横放腰后，双手掌心向前握住两侧杖端。
第1~4拍：头部依次前屈、后屈、左侧屈、右侧屈。每个动作各1拍，共做2个8拍。
后2个8拍：头部绕环。第1~4拍向左绕环一次，第5~8拍向右绕环一次。做2个8拍。

02 单桨划船 2×8拍

预备姿势

第1拍

第2拍

预备姿势：两脚与肩同宽，直立，两臂体前下垂，两手持杖两端，拳眼相对。
第1拍：手杖举至前上方，右手高，左手低，从左经下向后绕环再回至前上方，变成左手高右手低。
第2拍：手杖从右经下向后绕环再回至前上方，变成右手高左手低。
左、右交替做，共做2个8拍。

03 肩部绕环 2×8拍

预备姿势　　　　　　　　　　第1拍

第2拍

预备姿势：同单桨划船的预备姿势。
第1拍：右臂在体前持杖由左向右经头绕至身后，两臂下垂。
第2拍：左臂在体后持杖由右向左经头绕至体前，两臂下垂。
做1个8拍。
第2个8拍：与第1个8拍动作相同，但方向相反。
要求：手臂伸直。柔韧性较差的练习者可使手杖在头顶绕环，但也要注意手臂伸直。

04 单臂拉伸 4×8拍

预备姿势　　　（侧面）

第1拍　　　（侧面）

预备姿势：两脚并拢直立，左手掌心向前，拇指向下，握住手杖上端，手臂举至头顶，手杖放至右侧肩后；右臂下垂，掌心向前，从身体外侧握住手杖下端。
第1拍：手杖以右侧肩为支点，右手前推。1拍推一次，做2个8拍。
第3、4个8拍：动作同第1、2个8拍，但换右手在上做。

越野行走

05 压肩前推 2×8拍

预备姿势

往前推

预备姿势：两脚与肩同宽，身体前屈90度。两臂伸直，两手持杖上端撑杖，手杖直立。脚跟稳住，低头向前推手杖至能保持身体平衡的最远端。坚持2个8拍。

06 后压肩 2×8拍

预备姿势

第1拍

预备姿势：双脚并拢直立，两手持杖上端内旋在体后并拢撑杖。
第1拍：手臂伸直，半蹲下压，1拍压一次。做2个8拍。

从现在开始越野行走吧

07 单腿勾脚 4×8拍

预备姿势

第1拍

预备姿势：右腿单脚直立，右手扶杖上端撑杖，左手抓住左腿脚面。将左脚提拉至臀部，坚持2个8拍。换另一侧腿再做2个8拍。

08 单腿下蹲 4×8拍

预备姿势

第1拍

预备姿势：左腿单脚直立，右手扶杖上端撑杖，右腿脚踝放至左腿膝盖，左手扶住左脚。
第1拍：左腿下蹲，1拍蹲一次。做2个8拍。第3、4个8拍动作同第1、2个8拍，只是换另一侧腿做。

09 小腿拉伸 2×8拍

预备姿势

（侧面）

第1拍

（侧面）

预备姿势：两杖并拢，两手握杖上端，放至体前，身体向前半屈，右勾脚，脚掌尽量直立，靠在手杖底端，腿绷直。

保持腿绷直，胸部靠向手杖，身体逐渐直立，小腿肚感到强烈的拉伸，坚持1个8拍。换腿再做1个8拍。

10 下蹲展肩 2×8拍

预备姿势

第1~2拍

第3~4拍

预备姿势：两脚与肩同宽直立，两手持杖两端水平放至肩后，拳眼相对。
第1~2拍：两腿半蹲，同时左肩前倾45度，由下向右转体90度直立，右腿绷直，左腿脚尖点地。
第3~4拍：身体还原至预备姿势后，同样向左侧再做。
左、右交替做，共做2个8拍。

越野行走

11 吸腿外展 4×8拍

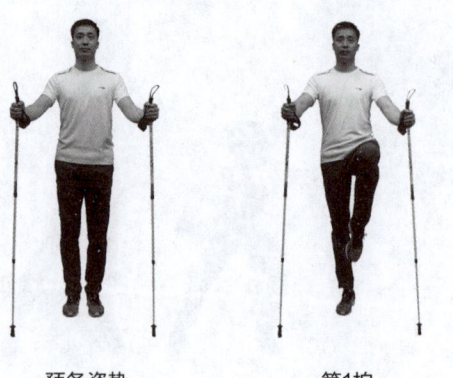

预备姿势　　第1拍　　第2拍

第3拍　　（侧面）

预备姿势：两脚并拢直立，两手体前持杖上端撑杖，手距一个半肩宽。
第1~4拍：分别为左腿吸腿、左腿外展、左腿向后伸展、还原至预备姿势。
第5~8拍：动作同第1~4拍，换右腿做。
左、右交替，共做4个8拍。

12 前后踢腿 4×8拍

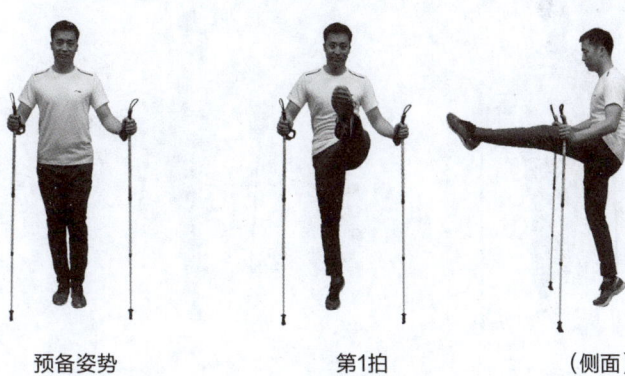

预备姿势　　　　第1拍　　　　（侧面）

第2拍　　　　（侧面）

预备姿势：两脚并拢直立，两手体前持杖上端撑杖，手距一个半肩宽。
第1拍：两手撑杖，左腿前踢，前踢时支撑腿提踵一次。
第2拍：挺胸抬头，左腿后踢，后踢时支撑腿提踵一次。
做2个8拍。最后1拍左腿收回，还原至预备姿势。
第3、4个8拍：动作同第1、2个8拍，换右腿做。

13 侧踢腿 4×8拍

预备姿势

第1拍

第2拍

预备姿势：两脚并拢直立，两手体前持杖上端撑杖，手距一个半肩宽。
第1拍：两手撑杖，左腿向左侧踢，侧踢时支撑腿提踵一次。
第2拍：左腿在两支手杖里侧向右侧踢，侧踢时支撑腿提踵一次。
做2个8拍，最后1拍左腿收回，还原至预备姿势。
第3、4个8拍：动作同第1、2个8拍，换右腿做。

14 前屈后仰拉伸 4×8拍

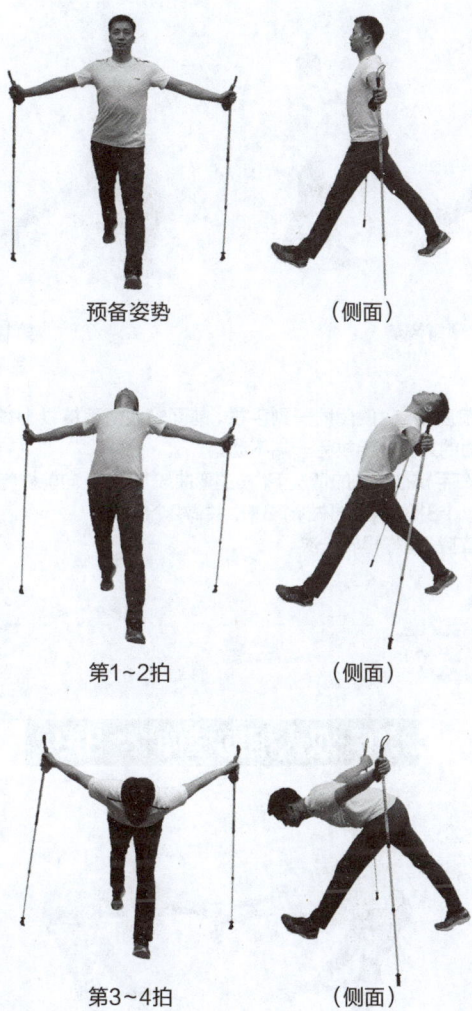

预备姿势　　　　（侧面）

第1~2拍　　　　（侧面）

第3~4拍　　　　（侧面）

预备姿势：两脚前后分开一步，前腿脚跟着地，后腿脚尖着地直立，两臂侧举握住手杖上端支撑。

第1~2拍：手臂伸直，身体尽量后仰。

第3~4拍：手臂伸直，身体尽量前屈。共做2个8拍。

前后换腿再做2个8拍。

15 双人背向拉伸 4×8拍

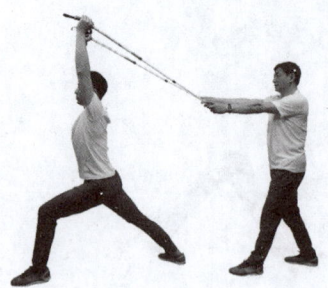
预备姿势

第1拍

预备姿势：两人前后站立，使用同一副手杖。前面的人两手持杖上举，手臂伸直，两腿前后分开直立，后面的人手拉住手杖另一端不动。

第1拍：前面的人在手杖被拉住的情况下，左腿弯曲成左弓步，向前挺胸，两臂被向后拉伸。

1拍拉伸一次，做1个8拍，换腿再做1个8拍。共做2个8拍。

前、后两人交换位置，同样再做一次。

16 双人相向拉伸 2×8拍

预备姿势：两人面对站立，两脚比肩稍宽，使用同一副手杖，两手分别抓住手杖两端；体前屈成90度，两臂伸直，抬至耳边；双方调整间距至手杖与地面平行。

两人沿水平方向相互向后牵拉。1拍做一次，共做2个8拍。

更多的放松整理活动

运动后,需要做放松整理活动,以利于使僵硬的肌肉放松,从而尽快地消除疲劳。

01 杖在腰转体 2×8拍

预备姿势

第1~2拍　　　　　　第3~4拍

预备姿势:两脚与肩同宽,手杖横放腰后,两手掌心向前握住两侧杖端。
第1~2拍:脚跟不动,两手握杖端带动躯干向左转动两次。
第3~4拍:再从左向右转动两次。
每转动一次1拍,做2个8拍。

越野行走

02 体前推手 2×8拍

预备姿势

第1拍

第2拍

预备姿势：两脚与肩同宽直立，两臂体前下垂，两手持杖两端，拳眼相对。
第1拍：双手水平提杖至胸前后，左手由下经上绕环前推，右手下落回收，同时，提踵一次。
第2拍：右手由下经上绕环前推，左手由上至下绕环回收，同时，提踵一次。
要求：手臂推直。
左、右手依次绕环前推，做2个8拍。

03 双桨划船拉伸 2×8拍

预备姿势

第1~4拍

第5~8拍

预备姿势：两脚并拢直立，两手体前持杖上端撑杖，手距一个半肩宽。
第1~4拍：左腿向前迈出成左弓步，同时两臂前推伸直至体前屈90度。
第5~8拍：慢慢后拉，身体后仰至最远端，两臂向两侧打开，身体后展。前脚尖勾起。共做2个8拍。
前后换腿再做2个8拍。

04 蹬自行车放松 2×8拍

预备姿势

第1拍

预备姿势：两脚并拢直立，两手体前持杖上端撑杖，手距一个半肩宽。
第1拍：左吸腿前蹬后还原至预备姿势（像蹬自行车一样绕环）。
1拍绕环一次，做1个8拍，换腿再做1个8拍。

05 双人摆臂放松 2×8拍

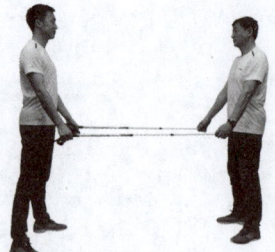
预备姿势

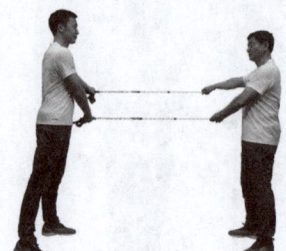
第1拍

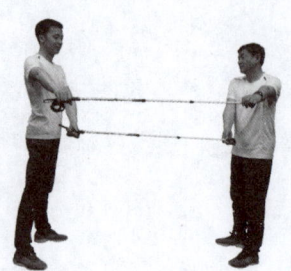
第2拍

第3拍

第4拍

预备姿势：两人相向站立，两脚与肩同宽，使用一副手杖，两手分别握住手杖两端，两臂自然下垂。

动作简述：

第1拍：两人同时向一侧摆动。

第2拍：同时向另一侧摆动。

第3拍：双杖再次摆回，两杖顺势绕环360度。

第4拍：成预备动作。

第5、6、7、8拍同上，方向相反。

第2个8拍：同第1个8拍。

学习优美的手杖花动作

手杖花采用了京剧中的"枪"或"棍"的一些动作，有一定的难度，但动作优美、漂亮、帅气，反而增添了学员学习的热情。把动作"顺"下来不难，要做到位、做漂亮就难了。其中，以下几点要特别注意。

- 手杖花的轨迹是立圆，即手杖旋转形成的车轮状路线须与地面垂直。

- 除了单纯的手腕部的正面花以外，手杖花的使用需要腰部、手臂的配合，而不是简单的手部动作。虽然有时这种配合的幅度很小，却是使手杖花自如、流畅，形成独特韵律的重要因素。

手杖花的种类很多，本文介绍两个最基础的手杖花（左右交替双手花和正面花）。掌握这两个手杖花后，可以触类旁通。

01 左右交替双手花动作解析

左右交替双手花

起始动作

左右交替双手花：每只手旋转两个360度为一个周期。右手握手杖中部，由上经胸前向左旋转360度后，再经后背向左旋转360度；手杖旋转呈立圆（手杖旋转形成的轮状路线与地面垂直）。左手动作同右手，但方向相反。
一只手旋转360度后，另一只手开始旋转，左右手连续交替做。
以下是左右交替双手花左手的分解动作，请注意左手在转动时的手型。

- 起始动作：掌心向上托单杖，杖尖在下，握柄在上。

越野行走

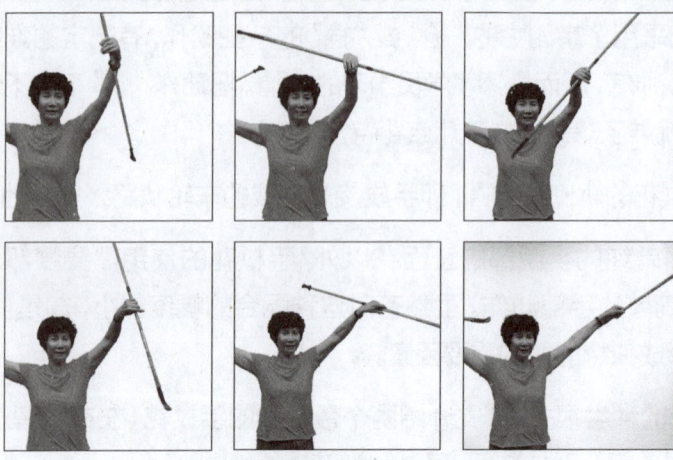

杖尖由上经胸前右旋立圆360度

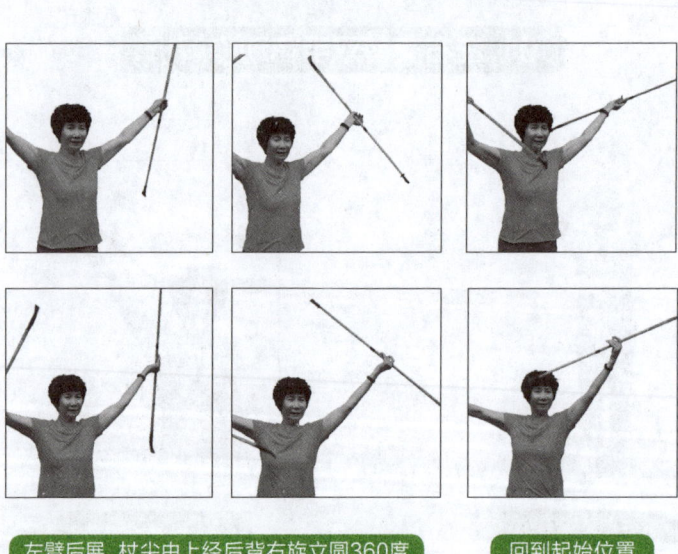

左臂后展,杖尖由上经后背右旋立圆360度　　　回到起始位置

- 杖尖由上经胸前右旋立圆360度。
- 左臂后展,杖尖由上经后背右旋立圆360度。
- 回到起始位置。

02 正面花动作解析

正面花动作主要是指双手交替,在体前由上右旋一支手杖,一只手转动360度后另一只手接替再转动360度,依次循环。手杖呈立圆转动。

• 左手夹住手杖右旋360度。

正面花

• 预备姿势:双手掌心向上;左手在下,右手在上以虎口夹住手杖。

预备姿势

越野行走

- 左手右旋360度后，拇指向下，掌心向左；右手拇指向下，掌心向右，在左手上面接住手杖。

- 左手放开，右手右旋360度。

- 右手掌心向上，完成360度右旋，左手掌心向上，在右手的下面，以虎口接住手杖，回到起始位置。

回到起始位置

手杖操的其他用途

手杖操除了做热身活动、整理活动、进行身体素质训练外，还可以进行比赛，更可作为大型活动前的表演项目。

手杖操表演

持杖跑

越野行走除了走路的形式外，还包括跑步的形式。持杖跑基本分为两大类：一种是体能锻炼、健身跑；一种是比赛，包括百米上坡竞速跑和山地穿越等。一般来说，不建议中老年人朋友参加持杖跑。

健身跑

健身跑主要是为了锻炼心肺功能和肌肉力量，一般距离不长，只有几十米，但需往返多次。健身跑一般选择在柔软的海滩或泥土地的上坡道进行，也有大跨步跑、跳跃障碍跑等方式。

持杖跑时，手掌抓握手杖的方式与持杖走不同，运动者不能虚握手杖，而是要抓紧（尤其是杖尖触地时），以增强对手杖的控制。刚开始练习持杖跑时，步幅要小，掌握方法后再逐步加大步幅；上坡跑时，为降低强度，路线的坡度不要太大，也可采用"之"字形方式爬坡；下坡时，要走下来。

上坡跑

沙滩跑

跨步跑

越野行走

山地穿越

我国的户外运动竞赛中有十几公里至百公里的山地穿越项目，可持杖也可不持杖，走、跑不限，先到达终点为优胜。山地地形复杂，上升下降的高差大，且穿越距离较长，持杖行进，可以自如地应对各种地形，节省体力，保护腰腿。长距离的山地穿越途中，也有许多平路的路段，此时不用手杖速度更快，所以，也有一些选手不用手杖参加比赛。

国际越野行走联合会中国分会拟推出一个新项目："持杖山地穿越"。这项比赛要求选手全程必须持杖，并戴好腕带，可以走，也可以跑。这项比赛能够充分发挥手杖在登山、跨越溪流、长距离行走中的优势，帮助选手节省体力、保护腰腿，并使身体上下肢得到均衡锻炼。允许走也允许跑的规定，降低了比赛监管和裁判员执裁的难度，有利于保证比赛的公平公正。

跳跃障碍

持杖跑的比赛

百米上坡竞速

百米上坡竞速是国外已开展的比赛项目，在我国尚未正式开展。选手在30度上坡道持杖跑100米，先到终点为优胜。

日本举办的百米上坡竞速跑

持杖跨越溪流

手杖游戏

使用越野行走的行走杖做游戏,别有趣味,下面介绍几种手杖游戏。

不倒森林

不倒森林比赛分为选拔赛和决赛两部分。参加者分成人数相等的两队,每队8人。

01 选拔赛

各队人员站成圈,左右两名队员之间相距1米。每人持一支手杖,手杖直立于地面,用右手掌心压住手杖上端。听口令后,队员放开自己的手杖,同时移动到相邻队员的位置,扶住相邻队员的手杖。口令喊"1"为向左移动,口令喊"2"为向右移动。移动后未能抓住相邻队员的手杖的,判为违规,淘汰出局。未出局的队员继续比赛,直至最后剩下两名队员。这两名队员为选拔赛的胜出者。

不倒森林 选拔赛

02 决赛

在场地上画两条相距2米的直线,在其中一条直线外再每隔30厘米画与直线平行的虚线若干条。每队参加决赛的选手两两相对站立,分别站在两条直线外,每人扶一只手杖,手杖在直线外侧。听口令后,两边的选手同时放开自己的手杖,迅速换位抓住对方的手杖,手杖倒地为失败,抓住手杖不倒为成功。失败的队淘汰出局,成功队的选手后退至相邻的虚线外,加大距离后继续比赛。直至决出最后的优胜队。

不倒森林 决赛

说明:(1)参加人数可增减,最少不低于3人,最多不超过10人。
　　　(2)参赛队数不限。

看谁先动

两名选手面对面站立,相距一根手杖的距离。相互发力推拉对手,先动者输。

看谁先动

接龙竞速（交替走、"一顺边"走）

在场地上画两条相距30米的平行线，分别为起点线和终点线。每个参赛队10人，排成纵队，立于起点线后，每人左右手各持一支手杖，手杖横握，与地面平行。每人每只手同时握住前面人手杖的末端和后面人手杖的前端，手杖把10个人串联起来。

口令分为两种：口令1，全体迈左腿伸右手，迈右腿伸左手，整齐划一地行进；口令2，全体迈左腿伸左手，迈右腿伸右手，全体"一顺边"地行进。最后一个人通过终点线为全队到达终点。注意：行进中手杖不得脱手，脱手次数少的队优胜，若脱手次数相等，先到达终点的队优胜。

接龙竞速

手杖后倒推起比赛

01 使用运动型手杖（要强度高、结实耐用的）。

02 后倒时要慢，先下蹲，再后倒。

03 推起时要较快，最后要求提踵，手臂推直。

04 按以上标准，每后倒推起为一次。1分钟完成内次数多者优胜。

越野行走

预备姿势

先下蹲再后倒

撑起提踵

手臂推直

手杖后倒推起

手杖俯卧撑比赛

01 使用健身型手杖即可。如体重大，超过85公斤，要使用运动型手杖。

02 预备姿势，要求手臂与手杖成一直线，手掌与手杖垂直。

03 按以上标准，每俯卧撑起为一次。1分钟内完成次数多者获胜。

预备姿势

屈臂支撑

手杖俯卧撑

手杖平衡能力比赛

参赛者两脚前后分开站立，前脚脚跟着地，后脚脚尖着地，双臂侧平举，手握住手杖。保持时间长的人获胜。

手杖平衡

05

带你从全方位、全角度参与一场越野行走比赛

学习越野行走并且多加练习后,您是不是对国内外的越野行走比赛有点感兴趣呢?越野行走比赛像马拉松比赛一样,不只是运动员竞技的平台,更是我们这些普通的爱好者也能参与其中的一场盛会。在这一章,我们会像全息电影一样,从各个角度、全方位地给您展示一下越野行走比赛相关的事情。不管您是想学习比赛的项目和规则,还是想学习参赛训练和伤病防护的方法,或者希望知道怎么组织一场越野行走活动,在本章中您都可以找到想要了解的内容哦!

越野行走在国际、国内的竞赛项目

越野行走国际比赛中的竞赛项目

目前，国际上的比赛有竞速赛、越野行走技术考察赛、上坡持杖跑比赛（越野行走山地赛）、24小时最长行走距离赛等。

01 竞速赛

无论是欧洲杯、世界杯，还是国际越野行走联合会的比赛，采用的都是基本相同的竞赛规则。

竞赛项目有5公里、10公里、21公里竞速。竞赛对行走技术有要求，技术不达标判为犯规，严重的取消比赛资格。

在2016年欧洲杯中，国外高水平运动员5公里竞速赛的时速可以达到10.2公里，10公里竞速赛的时速可以达到9.6公里。

02 越野行走技术考察赛

参赛者在一个环路走三圈，每圈1公里。竞赛采用评分制，分数高者名次列前。一方面，为参赛者的行走技术打分；另一方面，记录三圈比赛时间，计算三圈时间差的平均数，平均数值越小，分数越高。这是一项考察行走技术和走路速度是否均匀的比赛。

03 上坡持杖跑比赛

赛道为100米、高差30度的斜坡。参赛者持杖跑步，比赛用时少的名次列前。

我国越野行走比赛中有更多独特的竞赛项目

01 中国老年人体协的竞赛项目

2012年，中国老年人体协制订了越野行走的竞赛规则和裁判法。在规则里，把越野行走称为"持杖健走"，把越野行走竞赛称之为交流活动。

场地接力竞速

比赛场地为400米标准跑道田径场，2男2女，4×400米接力。违反场地接力比赛规则为"规则违规"，行走技术不规范为"技术违规"。"规则违规"取消比赛资格，"技术违规"判罚增加比赛时间（违规罚时）。

比赛用时＝裁判计时＋违规罚时

比赛用时少的队名次列前。

户外穿越

比赛场地为环境优美的户外，竞赛为5公里左右的户外穿越竞速。团体赛，每队6人，以每队最后一名队员到达终点的时间计算该比赛的用时。违反比赛规则的队，给予取消比赛资格或增加比赛时间的处罚，每个参赛队若有一名队员被取消比赛资格，全队没有成绩。

比赛用时＝裁判计时＋违规罚时

比赛用时少的队名次列前。

手杖操比赛

自选动作比赛。每队8人至12人。时间3分20秒至3分40秒。创编动作必须包含支撑、杠杆、联动、手杖花四要素。根据动作设计、动作完成、表演与团队精神三个方面打分，满分100分。分数高者名次列前。

02 中国越野行走协会（国际越野行走联合会中国分会）竞赛项目

国际越野行走联合会中国分会的比赛项目同国际接轨，采用5公里、10公里、21公里的持杖竞速。在国家体育总局社体中心、中国登山协会（部分比赛）、青海省体育局、宜兴市体育局等各级政府举办的比赛中，采用了以上三个项目的一个或几个。

详细解读三项越野行走竞赛规则

解读中国老年人体协场地接力竞赛规则

越野行走场地接力是运动员在标准技术前提下的4×400米接力。该项竞赛主要检验运动员标准行走技术的掌握水平及在标准技术前提下400米竞速中的速度耐力。运动员技术动作不规范会被判罚增加比赛时间,违反接力规定会被判罚取消比赛资格。场地接力起终点及裁判位置见下图。

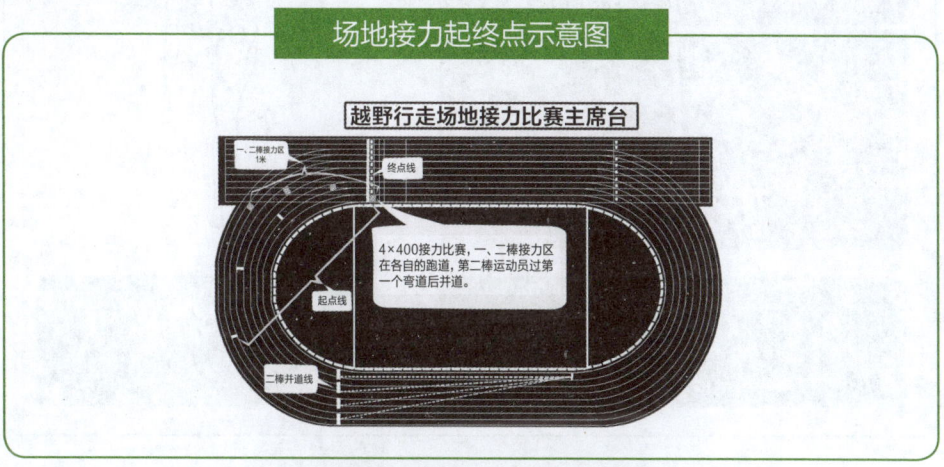

场地接力起终点示意图

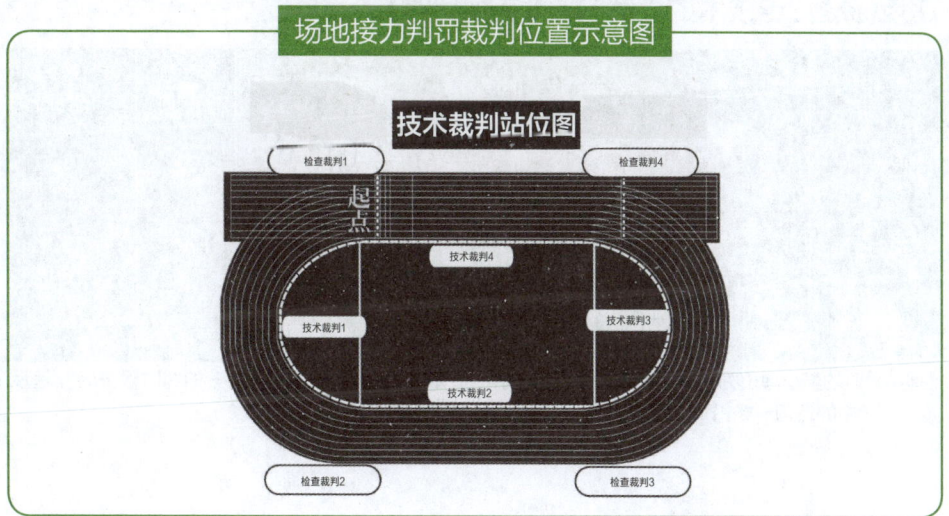

场地接力判罚裁判位置示意图

越野行走

01 标准技术动作及违反标准行走技术的处罚办法

标准行走技术图示

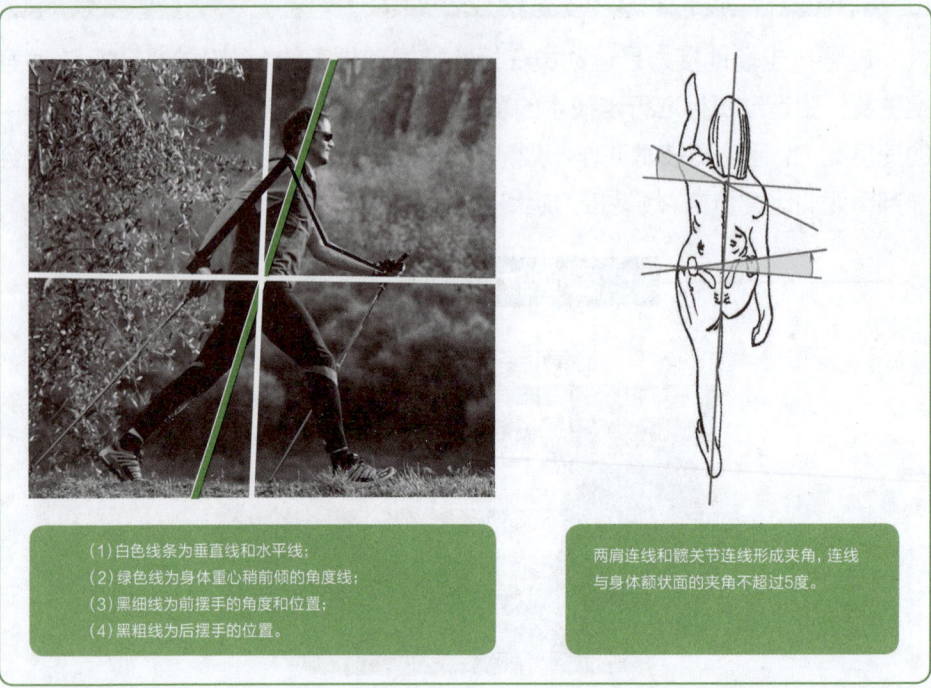

(1)白色线条为垂直线和水平线;
(2)绿色线为身体重心稍前倾的角度线;
(3)黑细线为前摆手的角度和位置;
(4)黑粗线为后摆手的位置。

两肩连线和髋关节连线形成夹角,连线与身体额状面的夹角不超过5度。

违反标准行走技术的处罚（技术违规罚时）

罚时因素	加罚比赛时间因素	每一棒的罚时	每一参赛队的罚时
上肢动作	1.上臂未前摆;2.后推手未推至腰后,手臂未伸直;3.手杖未积极推地;4.手杖未向斜后方支撑。	4~48秒	4~192秒
下肢动作	1.违反双脚双杖交替触地,且一步一触地的技术规范;2.支撑腿未蹬直,双脚出现同时腾空。		
整体协调	1.躯干前俯,重心未稍靠前;2.后推手臂未伸直与手杖成一直线。		

说明：罚时的最小单位为4秒。上肢动作、下肢动作、整体协调三部分中,每一部分的罚时限于4秒,违反每一部分中的任何一条,罚时4秒。

常见错误动作示例

常见技术违规罚时案例

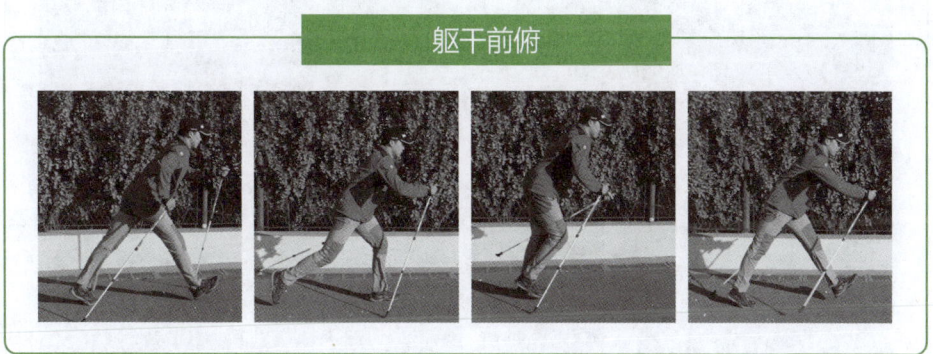

裁判法：4×400米技术罚时裁判四人，每名裁判负责100米的判罚。
罚时：上肢违规罚时4秒，整体协调罚时4秒，4名裁判可罚时32秒。

越野行走

上肢动作不规范

裁判法：4×400米技术罚时裁判四人，每名裁判负责100米的判罚。
罚时：上肢违规罚时4秒，整体协调罚时4秒，4名裁判可罚时32秒。

短暂跑步

裁判法：4×400米技术罚时裁判四人，每名裁判负责100米的判罚。
罚时：上肢违规罚时4秒，下肢违规罚时4秒，4名裁判可罚时32秒。

02 场地接力规则及违反规则的处罚办法

接力的规则

- 第一、三棒为女子，第二、四棒为男子。
- 采用第二棒选手在第二个弯道(抢道线)切入内道行进。

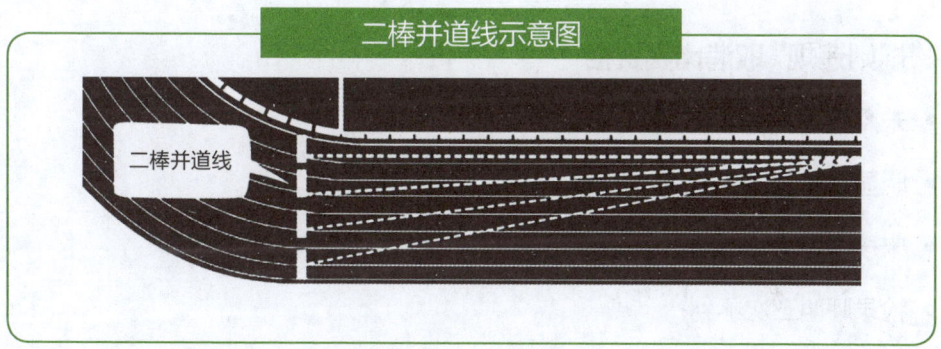

二棒并道线示意图

- 第一、二棒选手接力，在各自的分道内进行；第二、三棒选手和第三、四棒选手接力在400米跑道的终点线进行。
- 场地设"接力区"，接力区长1米，接力的要求如下：
  ◦ 接力方式为碰触式，前面运动员的一支手杖和后面运动员的一支手杖碰触，即为完成接力。
  ◦ 触碰接力时，交棒运动员必须有一只脚踏在接力区内。
  ◦ 完成交"棒"的队员应先停留在各自的分道内，在不影响其他队员比赛的情况下方可离开。

越野行走

交棒运动员接力方式示意图

交棒运动员接力方式1

交棒运动员接力方式2

"规则违规"取消比赛资格

- 未系腕带;
- 明显跑步;
- 未按规定接力,且没有马上纠正;
- 检录呼叫三次不到;
- 出发抢走两次;
- 抢道时阻碍他人并获取利益;
- 窜道并获取利益。

常见规则违规处罚案例（取消比赛资格）

- 未系腕带。
- 明显跑步1（跑步）。
- 明显跑步2（跨步跑）。
- 明显跑步3（屈膝跑）。

未系腕带

带你从全方位、全角度参与一场越野行走比赛

明显跑步1（跑步）

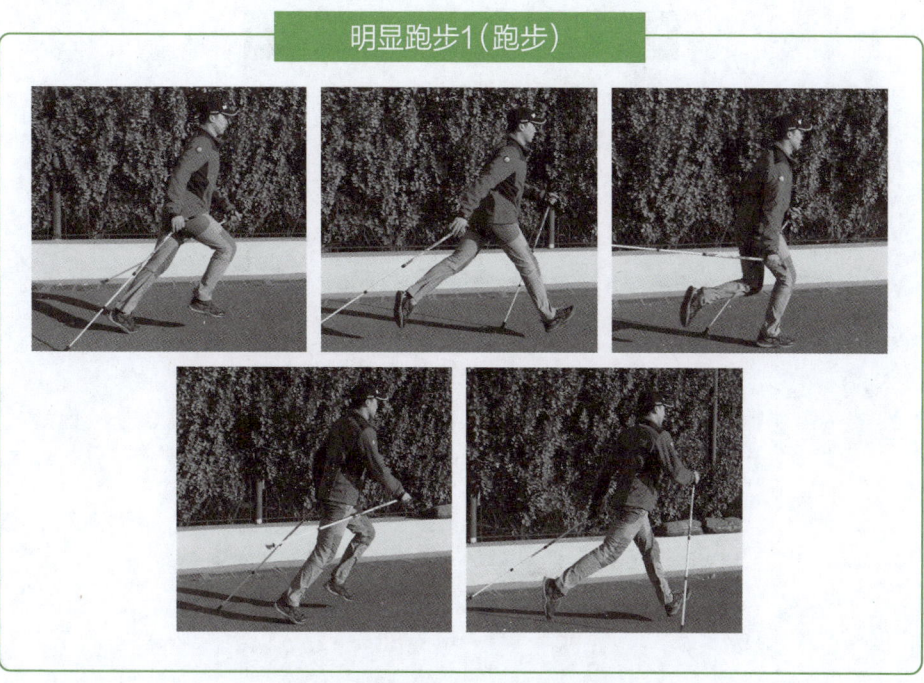

明显跑步2（跨步跑）

越野行走

明显跑步3（屈膝跑）

解读中国老年人体协手杖操自选动作竞赛规则

01 如何创编自选动作手杖操

　　创编手杖操自选动作说起来难，其实也很简单，只要掌握一个定位、三个步骤，即可充分发挥，创编出优美的手杖操。一个定位：手杖操的定位为操舞；三个步骤：选音乐、找节拍、根据音乐及歌词内容创编动作。

一个定位，让手杖操与众不同

　　手杖操的定位为操舞，但以操为主，并非舞蹈表演，同时又鼓励融入武术、京剧、舞蹈等多种元素，鼓励加入民俗、地域、少数民族特色。与一般的健身操相比，更具艺术性、观赏性，更能提高大众健身的兴趣；与舞蹈相比，手杖操以健身为目的而非以表演为目的，手杖不是道具，而是健身的器械，因而须包含身体锻炼的各个要素，大部分动作干脆、利落、健美，不加入故事情节，除了开头和结尾，不宜出现全体或部分人员静态造型的编排。

三个步骤，创编优美自选动作手杖操

根据竞赛规则，手杖操评分总分100分：动作设计40分，动作完成40，表演与团队精神20分。其中，动作设计的40分由艺术性35分和安全性5分组成。而艺术性的充分表达则由三个步骤组成，即选音乐、找节拍、根据音乐及歌词内容创编动作。

01 选音乐

要选择主题健康、风格突出、节奏鲜明、充满活力，时长3分20秒至3分40秒之间（从第一个音符响起至最后一个音符结束）的音乐。需要注意的是音乐的节奏和速度一定要适宜做手杖操，适合一般老年人的身体状况和承受能力。

02 找节拍

从第一个音符开始，数出音乐的节拍，一般按4个8拍计算，分出主旋律和过门音乐。音乐不规则的地方，例如，多出几8拍或少几8拍的地方，要单独记下，有针对性的编排动作。节拍的开始，要与音乐的分段、重音的位置相符。一般4个8拍创编一组动作。

03 根据音乐及歌词内容创编动作

- 主题风格、创编理念、手杖的运用占25分。

主题风格：或健身性、或少数民族风、或兵操型，风格突出，富有激情。

越野行走

主题风格示例

苗族风情

兵操风格

健身操风格

舞蹈风格

创编理念：要与健身相结合，要使头部、上肢、下肢、腰部、手腕、脚踝都得到锻炼，例如，可以设计体侧、体转、腹背、跳跃、整理活动等。

手杖的运用：手杖的运用有支撑、杠杆、联动（双手、双人及多人之间）、手杖花四个要素。健身性好、难度合理、观赏性强的编排，容易得到评委的青睐和好评。手杖四要素的表现形式很多，创新、挖掘手杖四要素的新动作、新套路，是提升整套动作创新性和表现力的重要方面。此外，四要素的运用，也要根据队员形体、训练程度、接受能力，选择难易适度、参赛者能够完成好的编排。

带你从全方位、全角度参与一场越野行走比赛

手杖的运用示例

手杖是跳竹竿里的竹竿

手杖是金箍棒

手杖是京剧中的长枪

手杖是弓箭

跃马扬鞭

133

越野行走

- 造型配合、场地队形、音乐选配占10分。

造型配合：根据规则，比赛在场内开始，在场内结束。可以设计出场、入场的动作，好的出入场设计，可以提升观众和评委的印象。此外，参赛者之间要有互动，包括使用手杖的互动。

场地队形：成套动作中至少设计5个不同的队形变化，并充分、均衡地使用场地。成套动作类型丰富，也能够表现出新思想、新含义和新元素，体现创造性和独特性。

音乐选配：成套动作的风格与选择的音乐及歌词须协调一致。

造型配合示例

手杖千手观音

双人互动

多人联动

不容忽视的安全性

对老年人来说，安全重于一切，因此，规则将安全性的创编也纳入到评分体系当中，并给予5分的评分。创编时，动作的难度要适合参赛者的身体能力和运动水平，适合参赛者的年龄特点。成套动作中要避免设计对身体造成伤害的动作（违例动作）。

违例动作示例

- 违背人体自然姿态的关节过度屈伸动作，如过分抬头、转头，上体过分后屈。
- 任何马戏或技巧动作，如前后滚翻、倒立。
- 任何爆发性加速动作，如肘、膝关节的瞬间强直伸展。

02 手杖操的训练

对于教练员来说，手杖操的训练要掌握如下几个要点：

贯彻健身操舞的特点

手杖操属健身操舞类，因此，必须有操舞的特点，例如，动作干脆、利落，整齐划一，手杖横平竖直。即便是环绕的动作，也要做到哪个拍节必须环绕到哪个位置。给人一种朝气蓬勃、充满活力的感觉。加入舞蹈、京剧等其他艺术

越野行走

元素后,也要做到具有刚劲的美、健康的美,柔中带刚。

具体的做法:

01
如2拍完成一个动作,要在第1拍就完成动作,第2拍保持。

02
动作要有制动,即要求一次到位,到位后就制动,不能做过头后再调整。

03
各种拉伸动作,要求动作幅度统一,整齐划一。不能柔韧性好的人幅度大,柔韧性差的幅度小。

04
动作融入音乐的节拍,符合音乐的节奏,领会音乐、歌词的含义,形成动感和韵律风格。

手杖操教学过程(八个步骤)

01
教师面对学生,全面演示一遍。

02
教授难点动作,不一定要做到熟练或完美,但要让学员跟上教师的节奏和进度。

03

按照创编的顺序,一节一节地教。每节手杖操的教学,教师先喊口令进行教学,学会后再配合音乐训练。

04

每节操的教学中,教师要介绍动作的规范要点,不要求学员马上掌握得很好,但要求跟上教师的教学进度,尽量做好即可。

05

喊口令教会一节或两节操后,就开始配合音乐训练。训练时,教师需背对学员(若面对学生员,需采用镜面动作),便于学员模仿。新学的操基本能够与音乐合拍后,再喊口令教下一节。依此类推,直至教会整套动作。

06

教师在前面带操,学员能把整套动作做下来后,教师进行下一阶段的教学:从第一节开始,对每一节动作进行细节纠正,要求学员掌握到位。

07

变队形。教师根据学员的身高、形体、表现能力等安排学员站位,组合成不同的队形。继续训练,要求队形变换迅速、自如、流畅。

08

整套动作比较熟练后，教师需考虑比赛整体的安排。例如，要充分利用场地、上下场的设计、对于精神面貌的要求等。

教学难点的处理

01 采用针对性教学的方法

学员若有一或两节做不好（包括动作做不好、音乐跟不上），可把整套操的音乐分段。纠正动作时，先按口令教学，动作做到位后，再放相应段落的音乐，让学员学习听音乐找节奏，学会与音乐合拍，直至彻底学会。

02 手杖花的教学

手杖花采用了京剧中的"枪"或"棍"的一些动作，有一定的难度，但动作优美、漂亮，反而增添了学员学习的热情。把动作"顺"下来不难，但要做到位、做漂亮就难了，因此，以下几点要特别注意：

①手杖花的轨迹是立圆，即手杖旋转形成的车轮状路线须与地面垂直。

②除了单纯的手腕部的正面花以外，手杖花的使用需要腰部、手臂的配合，而不是简单的手部动作。虽然有时这种配合的幅度很小，但也是使手杖花自如、流畅，形成独特韵律的重要因素。

③制作手腕部的分解图，便于学员学习。

03 基础训练和形体训练

有的队伍,动作很熟练,但就是不那么"美",不那么"帅"。教练员可通过基础训练提高队员的柔韧性、灵活性、肌肉力量和控制身体的能力;通过简单的形体训练,普及舞蹈、京剧、武术等形体动作,提高队员的气质和表现力。

04 选择合适的服装

合适的服装能有效地提升全队的表现力,选择与音乐和歌词有关联的服装最好。

解读国际越野行走联合会中国分会持杖竞速竞赛规则

以2017年中华水塔国际越野行走世界杯竞赛规则为例:

为保证比赛的公平公正,裁判组按照国际越野行走联合会的相关规定,采用骑摩托车或自行车跟随运动员的办法执裁。严重犯规出示红牌,会在运动员号码布上标记"×",直接取消比赛资格;轻微犯规黄牌警告,每次黄牌会在运动员号码布上标记一竖道,每判罚一次划一道,三次黄牌取消比赛资格;不接受裁判员的判罚,也取消比赛资格。为帮助运动员熟悉竞赛规则裁判法、避免犯规,创造优异成绩,我们除了将竞赛规则公布如下外,还专门录制了红牌和黄牌的违规视频案例,便于大家更好地学习和了解规则。如有任何问题,请及时与组委会联系。

01 总则

- 持双杖,全程系腕带;
- 不得双脚同时离地,支撑腿有蹬直动作;
- 两脚和两支手杖须交替触地,且一步一触地;杖尖触地不得超过前脚掌,后摆手至少推至臀部,双杖积极推动身体向前。

02 判罚

严重犯规，出示红牌，直接罚下
- 不遵守比赛规定的路线；
- 连续跑步；
- 搭乘交通工具。

轻微犯规，出示黄牌警告，三次黄牌罚下
- 双脚或双手杖同时离地（短暂跑步）；
- 未系腕带；
- 屈膝行进；
- 手杖未能向斜后方推地；
- 双杖未积极推动身体向前；
- 后摆手未推至臀部；
- 号码布佩戴不规范；
- 阻拦其他参赛者。

取消比赛成绩
- 未按规定打卡；
- 参赛运动员的身份证、号码布、计时芯片与参赛登记不一致的；
- 携带他人号码布或芯片参赛；
- 报名后由他人替代参赛；
- 不听从竞赛工作人员指挥；
- 对工作人员或其他参赛人员有言语或肢体上的侮辱者。

补充说明
- 每3~5公里设置补给站（饮水点）。在补给站前后30米范围，运动员手臂的动作不被判罚。
- 上下坡时，除不许跑步，手臂动作不被判罚。
- 在地面有变化的时候，如需要增加或取掉手杖上的防滑减震头。在这段期间，除了不允许跑步，手臂动作不被判罚。
- 使用电子计时系统和手动计时同时计时。
- 裁判员判罚时，须告知运动员判罚结果并在该运动员号码布做记号。黄牌警告画一竖道，每判罚一次画一道。红牌罚下画一个×。不接受裁判员的判罚，取消比赛资格。

> **03 中国分会红牌、黄牌的处罚示例**（视频，见本书视频附件）
>
> - 中国分会持杖竞速：黄牌警告八种示例
> - 中国分会持杖竞速：红牌罚下三种示例

主办方视角——策划和执行一场越野行走比赛

单位内部的比赛相对简单，这里主要介绍全国或地方政府举办的比赛或活动。

寻找合作伙伴

- 指全国或地方政府、体育部门、旅游部门及相关运动协会、企事业单位以及与上述单位有合作关系的策划公司等，要求有办赛需求，有招商能力，可提供一定的资金，适合越野行走活动，具备接待能力，有旅游资源，可以提供政府资源的支持（场馆、当地交通、安保等）。

- 有影响力的合作媒体。

赛事策划的过程

> **01 确定赛事的相关合作单位**
>
> 确定主办、协办、承办、支持单位。尤其是国际合作和与港澳台的合作，要确保比赛的合法性。

02 确定比赛规模和流程

制定国际合作、人员招募、器材采购、奖金奖品、招商、媒体宣传、经费预算等事项的办法，签订办赛合同。

一般的策划经典流程包括：合作伙伴接洽、确定比赛规模、落实资金、赛场考察、签订协议书、新闻发布会、赛前培训、赛事执行、媒体宣传等几项。

03 组建包含括当地政府及相关单位的"赛事组织委员会"

"赛事组织委员会"设主席、副主席、顾问、执行主席、秘书长、副秘书长等领导，下设综合部、竞赛部、新闻宣传部、市场开发部、后勤保障部、安全保障部。

04 比赛模式

专业赛事与群众徒步相结合，体育比赛与旅游相结合，既是体育交流，也是文化交流。一般经典模式为第一天比赛；第二天持杖徒步当地景区；两天之间的晚上举办联欢、嘉年华活动，观看当地民俗表演；第三天组织自费旅游。也可以全程旅游，比赛作为旅游项目的一部分。

赛前安排手杖操表演、全体做手杖操热身；进行越野行走竞赛规则讲解和越野行走教学，每次比赛也是推广和宣传的过程。

05 奖金的设置

奖金不宜过多,但中奖面较广,全体参赛人员均获得纪念品和证书。也可以不设奖金,提供物质奖励和纪念品。

06 报名费的设置

报名费含单节或两节专业行走杖、简易背包、帽子、T恤、保险等费用。自备手杖报名费相应减少,也可将当地的食宿交通等服务费用打包,一并列入报名费中。

一张赛事执行工作详单

01 赛前

- 举办新闻发布会、考察场地、举办培训班;
- 制订比赛规程、比赛通知、比赛秩序册等;
- 确定外调裁判人数和名单,当地裁判和志愿者人数和名单,以及所有比赛所需物料、器材、装备清单并通知给当地竞赛组委会做准备;
- 开幕式场地、赛道的布置,赛前和赛后控制中心的建立,安保、医疗救护、收容车的安排;
- 晚上篝火晚会文艺演出、嘉年华的准备;
- 运动员接待、赛前领队会的准备;
- "赛事组织委员会"设立倒计时工作计划,定期召开工作会议。

02 赛中

- 运动员、官员接待，各种车辆安排；
- 赛前两天外调裁判员到位，与当地裁判人员对接，落实裁判人员分工，落实所有裁判物料和装备，对裁判员人员及工作人员进行培训；
- 运动员报到，赛前召开领队（技术）会，签到，发装备，宣讲竞赛规则、比赛注意事项及比赛指南；
- 比赛的执行；
- 越野行走开幕式的特点是增加了竞赛规则裁判法的介绍、演示，手杖操热身等；
- 出发前、赛中、赛后的管理；
- 收容车、救护车的管理；
- 发奖。

03 赛后

- 赛事及裁判工作总结；
- 媒体宣传报导；
- 制作比赛宣传册。

其他注意事项

越野行走比赛是一个新兴事物，发展的时间不长，还在不断地创新和完善中。竞赛规则裁判法主要借鉴田径项目竞走，赛事管理则更多地借鉴马拉松。因此，把握好越野行走的特点，借鉴成熟项目的经验，为越野行走服务，才能把越野行走的赛事做好。

在赛事的组织管理方面，要有相对宽容的心态，毕竟是新项目，无论是赛事执行方，还是当地的主办方，都要加强磨合、相互配合、相互补台，在已有的条件下把赛事办好。

除了加强对运动员的培训外，还要加强对裁判员的培训，随着比赛的深入开展，裁判员的回避制度、对违规裁判员的处罚管理办法等也逐步提到日程上来。

- 相比竞走和马拉松，越野行走对技术的要求更多，而且不允许跑步，因此要有精通业务、经验丰富的教练员和裁判员队伍。
- 需要有精通业务、经验丰富的赛事策划和赛事管理人员。
- 由于赛道较长，判罚监管是重要一环。要探索和完善公平公正的、简便易行的、科学的、利于运动员创造成绩的监管办法（目前采用的是乘车、骑车跟随执法和定点执法相结合的办法）。
- 途中裁判员的判罚信息需要等全部参赛人员都到达终点后才能收集齐备，统计裁判员参考上述信息后才能判定比赛名次，因此，采用先进的计时系统，并选择经验丰富的计时系统团队，及时提供比赛成绩，保证成绩的准确是非常重要的。尽管如此，还要同时进行手动计时，作为电子计时的备份。
- 由于不是单纯的体育比赛，开幕式上会有较多的讲话、仪式和越野行走项目的介绍、热身操等，时间会较长，需要科学妥善的组织和管理工作。
- 为了便于途中的判罚，比赛队伍须分组出发。

越野行走

如何进行越野行走竞赛训练

参赛者要明确自己参加比赛的目的

越野行走比赛定位为健身性比赛，有别于体育的竞技比赛。

健身第一，比赛第二。淡锦标、名次，重参与、交流，重健康、快乐！明确比赛是为健身服务的宗旨，而不是为名次、为奖金。因此，第一，无论是训练还是比赛，有了伤病，宁肯退出，不必坚持，没有必要为了名次而伤害身体，"拼搏"精神不仅体现在名次上，更体现在健身效果上；第二，要遵守体育道德，不能投机取巧，违反规则谋取不当利益。

使用科学的训练方法进行竞赛训练

01 掌握合理的持杖行走技术

技术训练的目的是改进和提高持杖行走技术。

持杖行走技术的提高主要受步长、步频和两者之间关系的合理程度，以及持杖摆臂技术的运用等因素的影响。

步长要适度，过小影响行走效率，过大造成身体重心过度起伏，前摆腿着地角度小，阻力加大，且降低步频。在一定的步长下，步频越快速度越快。步长只能保持在一定范围内，没有更多潜力，而频率明显地影响运动成绩的提高。在步长与步频两个因素中，发展步频是提高持杖行走运动成绩的主要因素。

此外，与不持杖相比，持杖行走一般无法提高行走速度，主要是因为持杖摆臂的频率低于非持杖摆臂频率。但合理的摆臂推杖技术可以加快摆臂的频率，助力前行，减轻下肢负担，在长距离行走中作用明显。

由于越野行走是一项周期性运动，各肌群间的协调能力有利于改善发力和放松时主动与被动肌群的转换。不能一味地蛮用力，而是该用力的时候发力，该放松的时候放松，尤其是手臂的动作，须张弛有度、控制节奏、协调一致，充分发挥持杖助力和减轻下肢负担的作用。

如何找到合适的步长

当身体重心移过垂直面后，支撑腿开始后蹬，支撑腿膝关节伸直，蹬离地面并带动同侧髋前移，使前摆腿落在身体重心的正前方，膝盖充分伸直，足跟先着地，前脚的足跟与后脚的足尖接触地面，形成短暂的双脚支撑瞬间，此时产生的步长基本是适宜的步长。要结合自己身体条件找到适宜的步长。

前摆腿同侧的髋关节前移时，幅度不宜过大，以免影响手臂的推杖动作。相比竞走运动员，越野行走高水平运动员髋关节的前移幅度明显减小。

如何提高步频

在上述适宜的步幅条件下，提高运动成绩的潜力，主要靠增加步频。

- 前摆腿落地采用从脚后跟经脚外侧滚动至前脚掌支撑的"滚动"技术。足跟着地后迅速柔和滚动，以减少前摆腿的"制动"作用，双脚支撑一旦形成，后腿马上前摆。尽量减少双腿支撑的时间。

- 身体重心稍前倾，以利于脚掌的滚动。

- 摆臂推杖技术合理。

- 手杖的长度可调得稍短。

- 身体重心的移动更趋直线性。

如何合理地摆臂推杖

合理的摆臂推杖技术有利于加快步频，增加水平向前的助力，减轻下肢负荷，节省体力。

- 前摆手高度不超过肚脐。后摆手推至臀部即可（优秀运动员后摆手推过臀部），以加快推杖频率。

- 杖尖触地在两腿之间，与地面夹角约45度。

- 杖尖触地时要控制好杖的稳定性，直线后拉，手腕接近体侧时发力后推。不要过早发力。

- 手杖后推时用力，回摆时放松。回摆时上臂带前臂。

如何提高全身的协调能力

- 身体重心稍前倾。
- 减小重心上下的起伏和左右的摇摆。
- 肩轴与髋轴有一定的相对扭转，不宜太大。

02 专项能力训练

根据超量恢复训练理论，要提高运动成绩，必须增大运动负荷，提高强度和训练量，但不能过度疲劳。比赛距离不同，训练的方法也不同。

提高耐力

- 根据所选参赛项目，进行全程的训练或超过全程距离的训练。训练时，速度要达到比赛目标速度的70%~90%，持续走。
- 参加其他体育项目的耐力性活动，如登山、跑步、骑自行车、游泳、健身操等。

提高速度

在提高速度训练时，会出现速度无法保持的情况。可缩短行走距离，保证速度，进行多组的训练。例如，4组1000米持杖走的练习改为10组400米走。训练方法有：

小步走：学习和掌握持杖走的摆臂与腿部动作的协调配合，强调腿着地膝盖伸直技术。

高频竞走：学习和掌握高步频技术，加快摆臂，缩短步长，以提高步频。400米快频行走，200米快频行走。

直线走：强调两脚的落点必须在一条直线上，掌握脚在摆动过程中始终保持低摆动技术。

足跟走：学习和掌握足跟先着地并平滑地滚动至全脚掌的技术，体会脚跟触地瞬间腿伸直的肌肉感觉。

原地伸屈踝练习：体会踝关节的伸屈和脚着地的柔和滚动，体会小腿的胫骨前肌用力感觉。

上臂的练习

- 橡皮筋拉力摆臂：双臂前平举向后拉橡皮筋。

- 后推手杖行走练习：持双杖，同步前摆，同步后推；或持单杖，单侧推杖行走，左右手分开进行。通过练习，体验推杖的感觉，体会推杖发力的时机，锻炼臂力。为了保证能够用力推杖且地面不打滑，最好在土路或草地进行，摘掉防滑减震头，用金属杖尖撑地行走。

03 比赛周期的调整

根据超量恢复训练理论，运动员大强度训练后，成绩可以得到提高，但在大强度训练到比赛之间要有一个调整周期。在调整周期里，保持必要的训练，并逐步减少运动负荷，使较疲劳的身体逐步恢复，从而达到机体最好的状态，此时参加比赛最为理想。把最佳状态调整到比赛的时间点上，是使训练事半功倍的好办法。

一般来说，长时间不训练，直接参加比赛不好，赛前几天大强度的训练也不好，要根据实际情况，做好赛前几个月、几周、几天的训练计划。

04 热身和整理活动

热身和整理活动要成为一个习惯，每次至少5~10分钟，对预防运动损伤和提高运动成绩大有好处，必不可少。

05 选择合适的手杖

其一，必须选专业手杖；其二，杆体要选择碳纤维材质或碳纤维合成物材质，重量较轻，弹性适中；其三，在保证强度的前提下，手杖重量轻的好，杆体柔韧性适中的好。质量相同的情况下，单节手杖比可调节手杖好；其四，用于比赛的手杖可以调得稍短，以利加快摆臂频率。

越野行走竞赛后勤保障线——参赛者的伤病预防和营养补给

关注越野行走训练和比赛中的伤病预防

训练和比赛中，要注意伤病的预防。出现伤病一定迅速通知裁判或工作人员。

中暑

长期在高热或高湿环境中行走，有可能中暑。症状：头昏无力、大量出汗，口干舌燥，面色苍白，神经恍惚，昏昏欲睡甚至昏迷。

处理方法：要迅速降温。移至凉爽通风处，平卧休息，头冷敷，温水酒精擦身，补充清凉饮料。

抽筋

因准备活动不充分、过度疲劳、寒冷、大量出汗、电解质大量丢失等原因造成。

处理方法：小腿抽筋，脚尖向膝盖方向反压，敲击小腿肚；大腿抽筋，抬腿，反关节压膝盖，敲击大腿两侧。

肌肉、肌腱、关节韧带拉伤

因热身活动不充分、爆发性用力、关节过度屈伸等原因，容易造成拉伤。此外，做手杖操过程中，由于手杖的联动、杠杆作用会加大拉伸力度，控制不好，也会造成拉伤。

处理方法：应就医。伤后24~48小时内，局部冷敷，加压包扎、抬高患肢。24~48小时后，理疗、按摩，使用活血化瘀药物。

膝关节疼痛

膝关节疼痛、肿胀是常见病。尤其是中老年朋友，膝关节已经退行性病变，关节磨损，即便手杖可以减轻膝关节压力，运动过量过大仍会造成膝关节损伤。

处理方法：使用合适的外敷药和理疗，服用氨糖、关节注射"几丁糖"等润滑剂可以缓解疼痛，但减少运动量甚至停止运动，休息，还是最重要的。若关节嵌顿、卡住不能动，怀疑关节腔内产生"游离体"，一旦确诊应及早手术，避免产生更多磨损。

预防感冒

冬季温度较低，中老年朋友锻炼时穿着较多，汗水经常湿透内衣，此时若不能尽快回到室内，很容易引起感冒。建议穿着专业户外服装：内层要穿排汗、透气、快干面料的内衣；中层穿保暖的抓绒面料服装，外层穿防风、防水、透气的面料的外套。尽可能地把汗水排出体外。

此外，还有一个简便实用的"土"办法。找来两条毛巾，顶端用两根半尺长的带子连接，中间留一个大洞，套头贴身穿在身上。运动后，不用脱衣服，把汗湿的两条毛巾从头顶上拽出来，即可保持前胸和后背的干爽。

预防低血糖

运动前、比赛前处于饥饿状态、患病及过度紧张、长时间运动消耗大量血糖会诱发低血糖症。此时运动员感到饥饿、疲乏、头晕，面色苍白、出虚汗，严重者出现神志不清、四肢发抖、呼吸急促等症状。轻者喝浓糖水、进食糖类食物，平卧保暖休息。重者就医。

患糖尿病的运动员要遵医嘱，也应随身携带糖果。

越野行走

保障好参赛者在越野行走中的营养补给

01 营养素

食物中所含的营养素为七类，即蛋白质、脂肪、碳水化合物（糖）、矿物质、维生素、水和纤维素。纤维素虽不能被人体消化、吸收，但具有促进肠蠕动、帮助消化和通便的功能，故也列入营养素。能源物质是糖、脂肪、蛋白质。越野行走是有氧运动，主要依靠来自体内糖的氧化分解，其次是脂肪。蛋白质主要用于组织更新。

02 越野行走的营养

越野行走前的饮食

越野行走前需要保证良好的饮食，一方面，补充肝糖原，保证肝糖原充足。运动中，主要以消耗碳水化合物（糖）为主，对糖的利用是渐次的，随着时间的延长，依次动用肌糖原、血糖，最后是肝糖原，如果肝糖原存量不足，会使人感觉疲劳，导致运动能力下降；另一方面，提供充足的水分，使机体处于水合状态，以利营养素的吸收。

运动前的饮食依据个人的喜好、习惯以及适应的程度来选择。通常运动前以高糖低脂低蛋白食物为主，如面食、米饭和水果等，这些食物容易消化，又能提供糖类。就越野行走而言，还应注意运动前早餐的进食、食物的选择以及进食时间等问题。

- 易消化的食物。

由于各种食物在人体内的消化时间不一样，在越野行走前，吃一些易消化的食品，有利于运动能力的提高；在越野行走后，吃一些易于消化的食物，有利于维持体内酸碱的平衡，较快恢复体力。

- 正确把握越野行走前的进食时机。

如果运动的时间在60~90分钟，可以选择含糖指数较高的食物，如面食、运动饮料，这些食物较易消化，能够迅速地提供糖类。若运动时间在90分钟以上，应适量吃一些蛋白质和不饱和脂肪酸的食物以饱腹。含高纤维素的食物比较容易造成腹部不适，应避免在运动前食用。

一般而言，正常一餐的食物约需3~4小时的消化时间才不至于在运动中感到肠胃不适。进食较少的一餐约需2~3小时消化，少量的点心只需1小时消化，每个人的情况会有差异。通常运动前进食以七成饱为宜，有些人运动时对胃中的食物很敏感，少量的食物就会令他感受到饱胀不适，那么就需要让食物有更长时间消化，或进食更少的食物。

越野行走中的饮食

- 比赛中一般不用补充食物。长时间训练，时间超过（饭点），需要带路餐。

- 途中饮水非常重要。水起着稀释血液、散热、润滑、利尿、运送营养等功效。运动中产生大量热能，会使运动员体温升高，出汗蒸发是散热主要渠道，缺水则影响散热并使身体脱水。

身体缺水与口渴感有时间差，缺水一小段时间才感到口渴，喝水一小段时间后，口渴才会消失，感到口渴才喝水，容易饮水过量。过量饮水会使血液中水的含量增多，血浓度下降，血循环量增加，迫使心跳加快，增加心脏负担，还会促进大量排汗，导致体内盐分等进一步丧失，引起代谢紊乱和肌肉痉挛。因此要少量多饮，20~30分钟喝一次，每次150~200毫升。运动中，可以饮用运动饮料、白开水，不建议饮咖啡、茶。

比赛中，主办方往往会提供饮水点，一般用普通的纸杯供水，运动员饮用后即可马上丢弃，专人回收。除非长距离行走，一般不提供瓶装水，主要因为运动员手持双杖，不方便携带。

越野行走后的营养

- 补充因汗液而损失的水分和电解质。

越野行走

大量的运动会导致机体大量水分丢失，虽然在运动中运动员会进行补水，但补充量通常都少于丢失量。因此，运动后机体往往还是处于不同程度的缺水状态，需要积极补充。

汗液中主要的电解质是钠和氯离子，还有少量的钾和钙。进行了长时间的越野行走后，尤其是在酷热的天气下连续行走数小时后，可以用运动饮料补充水分和电解质。一般情况下，运动后丢失的电解质在正常的饮食中得以补充。

运动后，不能以酒、茶、咖啡代替运动饮料和水。酒精会加快肝糖原的分解，使心率加快，疲劳感加重；茶和咖啡虽然短时间可提高体力、减轻疲劳，但会加快心率，增加代谢率，也会加重疲劳感，咖啡和茶的利尿作用还会加剧水分丢失。

- 补充运动中消耗的糖。

在运动后2小时，身体合成肝糖原的效率最高，2小时后则恢复到平常的水平。因此，在运动后2小时内补充糖类，可迅速地补充体内消耗的肝糖原。一般的建议是在运动后15~30分钟之内吃进50~100克的糖类（大约是每公斤体重1克糖），每2小时再吃50~100克糖类，直到进餐为止。正餐以及其他运动期间的饮食也应该以富含糖类的食物为主。

- 补充适量的蛋白质。

尽管越野行走不属于身体接触类运动，但也会造成肌纤维和结缔组织的损害，运动后的酸痛也有肌肉组织受损的原因。肌肉组织受损后，会降低合成和储存肝糖原的效率。运动后迅速地补充蛋白质有助于修复受损的肌肉和组织。因此，除了补充更多的糖类，也需要补充蛋白质，如酸奶、牛奶、乳清蛋白粉、鸡蛋白。由于肉类比较难消化，又是酸性食物，运动本身已经产生了大量乳酸、磷酸等，所以建议运动后的短时间内（运动当晚）不吃肉类食物。

一般行走后90分钟内是补充蛋白质的最佳时间，晚上睡眠时是身体恢复和肌肉生成的最佳时间，要想增肌的话，建议在睡前1小时至半小时喝点牛奶或者酸奶。

06

国内外越野行走者的盛会——一些重要的赛事和活动

　　说到越野行走比赛,有一些盛大的比赛和活动不得不提。这些盛大而经典的比赛和活动,在国外,主要是在欧洲一些国家举行;在国内,近年来蓬勃兴起。很多比赛和活动的场所都设在山明水秀、环境优美的地方,有的活动直接是同户外旅游结合在一起的。看看参赛者矫健、欢乐的身姿,您想不想来参加一场说走就走的越野行走比赛?

国外的越野行走重要赛事和活动

国外的越野行走重要赛事

越野行走赛事是指有国际通行的竞赛规则裁判法的越野行走比赛。国际上越野行走赛事很多,介绍其中几项。

2016越野行走欧洲锦标赛和越野行走欧洲杯

比赛在波兰莱格尼察举行,欧洲锦标赛的项目是10公里持杖竞速,欧洲杯的项目是5公里持杖竞速。

外国运动员风采

越野行走

国际越野行走联合会中国分会主席杨立强先生（右2）带领中国队考察欧洲杯并参加比赛

2015波兰欧洲杯积分赛

越野行走欧洲杯（波兰）为积分赛，迄今已经举行了七届。项目有5公里、10公里、21公里（半程马拉松）持杖竞速。分为儿童组、青年组、中年组、老年组。中国参加了2015波兰艾尔布兰格的越野行走欧洲杯比赛。

老年女子组

国内外越野行走者的盛会——一些重要的赛事和活动

开幕式前热身操

瑞士格林芬越野行走赛

　　瑞士格林芬比赛始于1980年，2013年举行了第34届（每年举办一届），比赛项目有半程马拉松和10公里健走，约24个国家参赛。半程马拉松为竞速赛，10公里健走则是放松和享受。

比赛出发

159

越野行走

意大利2016国际越野行走联合会越野行走技术考察赛

3公里（三圈）技术考察赛。按技术达标程度和行走三圈速度差来打分。技术越好，分数越高，三圈速度差越小分数越高。是专门考察行走技术的比赛。

国际越野行走联合会主席AKI先生佩戴1号号码布参加比赛

希腊世界老年人运动会越野行走比赛

2017年，第五届世界老年运动会在希腊举行。世界老年人运动会的赛事组委会由欧洲大众体育联盟的会员、主办城市及其他组织组成，主办地主要是在Vari-Voula-Vouliagmeni市，从2008年开始，已经举办了5届，比赛的宗旨是"终身体育"和"健康身体"。

国内外越野行走者的盛会——一些重要的赛事和活动

2017年，越野行走正式成为世界老年人运动会（World Senior Games）的正式比赛项目。来自意大利、俄罗斯、西班牙、希腊等国运动员参加。来自希腊的Efi和Nick分别夺得女子和男子组45~49岁年龄组10公里赛的冠军。

（国际网站下载）部分参赛运动员

越野行走

国外的越野行走活动

越野行走活动是指有组织的越野行走，没有竞赛规则、裁判法。有的制定了规则，但不是人与人之间的比赛，而是自己与自己过去成绩的比较。

芬兰仲夏夜越野行走就是较著名的越野行走活动，每年在芬兰赫尔辛基的万塔市举行。2011年5月，中国代表队参加了第12届芬兰仲夏夜越野行走。

中国队参加芬兰仲夏夜越野行走活动

国内的越野行走重要赛事和活动

越野行走赛事逐渐成为我国健身竞赛的新风尚

中国第一届全国越野行走比赛始于2013年11月,在江苏吴中区举行,由中国老年人体育协会主办。至此,越野行走比赛的大幕拉开,中国越野行走运动迈上了一个新的高度。

2013年全国老年人越野行走交流活动

2013年全国老年人越野行走交流活动在江苏吴中区举行,进行了场地接力、户外穿越、手杖操的比赛。

场地接力比赛

越野行走

2014年全国老年人越野行走交流活动

2014年全国老年人越野行走交流活动在长白山举行，比赛项目同往届。

中国老年人体协健步走推广委员会主任盛志国、副主任金星华、副主任杨立强参加户外穿越比赛

2015年全国老年人越野行走交流活动

2015年全国老年人越野行走交流活动在长白山举行，比赛项目同往届。

运动员进入比赛场地

2016年全国老年人越野行走交流活动

2016年全国老年人越野行走交流活动在湖南凤凰县举行，进行了场地接力、户外穿越和手杖操自选动作的比赛。

手杖操表演

2014年中国国际露营大会东平越野行走挑战赛

2014年中国国际露营大会东平越野行走挑战赛在山东省东平县举行，赛事由中国登山协会、山东省东平县人民政府、东平县体育局主办，国际越野行走联合会中国分会协办。

户外穿越团体赛出发

越野行走

2014年和龙国际半程马拉松比赛暨国际越野行走挑战赛

　　2014年和龙国际半程马拉松比赛暨国际越野行走挑战赛成功举行，赛事由中国田径协会、和龙市政府及体育局主办，国际越野行走联合会中国分会协办。

越野行走比赛出发现场

第七届北京市体育大会暨2015年房山山地越野行走挑战赛

　　第七届北京市体育大会暨2015年房山山地越野行走挑战赛成功举行，本届大会由北京市体育局、北京市体育总会房山区人民政府、中国越野行走协会主办。

运动员奋勇争先

全国越野行走公开赛

全国越野行走公开赛由国家体育总局社体中心主办，2014年至2016年连续举办了四年。

2016年全国越野行走公开赛男子组出发

全国绿色运动会越野行走山地挑战赛

全国绿色运动会越野行走山地挑战赛由国家体育总局社体中心主办。

2015年全国越野行走山地挑战赛女子青年组出发

越野行走

2016年第三届中华水塔国际越野行走大赛

2016年第三届中华水塔国际越野行走大赛成功举行，活动由青海省体育局、国际越野行走联合会主办。

男子青年组出发

2017年中国宜兴国际越野行走公开赛

2017年中国宜兴国际越野行走公开赛暨世界越野行走日中国主会场活动在宜兴举行。活动由国际越野行走联合会、国际越野行走联合会中国分会、宜兴市人民政府主办。来自亚洲、欧洲、非洲、大洋洲的一千多名越野行走爱好者代表欢聚宜兴，以同场竞赛的方式共同庆祝世界越野行走日。

男子青年组和部分嘉宾出发

国内外越野行走者的盛会——一些重要的赛事和活动

2017年中国青海中华水塔国际越野行走世界杯赛

2017年7月，中国首次举办的越野行走世界杯赛在青海举行。世界杯由青海省体育局、国际越野行走联合会、国际越野行走联合会中国分会主办，青海省登山运动管理中心承办。本次世界杯分为玉树、乐都、贵德三站，比赛分为专业组和群众体验组，专业组共有20多个国家参赛，60多名外国运动员和近千名中国运动员进行角逐，体验组有近万名群众参加。

中老男子组出发

169

越野行走

一起参加一场盛大的越野行走活动

2008年北京香山国际越野行走活动

主席台

2009年北京香山国际越野行走活动

运动员欢天喜地开始行走

2010年北京国际越野行走大赛

获奖运动员合影

行走中华水塔国际徒步活动

活动由青海省体育局、国际越野行走联合会主办，国际越野行走联合中国分会协办。2014年至2015年举办了两届。

领导在主席台

越野行走

徒步中国全国越野行走大会

活动由中国登山协会主办，每年举办十几站。其中环青海湖持杖徒步从2013年至2017年连续举办了五届。

运动员长途跋涉

环万峰林国际持杖徒步活动

活动由中国登山协会、国际越野行走联合会主办。2014年至2016年连续举办了三届。

在开幕式上，当地运动员表演手杖操

健康中国行系列活动

2016年3月,健康中国行系列活动启动,得到中国老年人体协的大力支持,队员以全部持杖行走与旅游相结合的方式,一年多的时间里,踏遍祖国的大江南北。在此期间,走进了山东威海站的汤泊温泉,走进了陕西华清宫,走进了贵州兴义,走进了河南云台山,走进了威海刘公岛,走进了香港、澳门,走进了河南红旗渠等地。

健康中国行以一种被誉为"最接近完美的"行走方式走进大自然,并与旅游相结合,既锻炼了身体,又享受了融入大自然的快乐,陶冶了情操,强健了体魄,受到广大中老年朋友的欢迎。

队员们等待出发

国际越野行走联合会主席AKI先生参加了刘公岛的徒步,并在摆渡船上感言:"这是我参加的最好的越野行走活动之一!"

健康中国行走进香港:热情的拉拉队

越野行走

在我国举办过的越野行走培训班

2005年我国首届越野行走培训班

国家体育总局体育科学研究所与国际越野行走联合会（INWA）联合举办越野行走教练员培训班。INWA主席AKI、芬兰国际教练员瑞斯特、芬兰国际讲师莱肯来华授课。

2005年全国越野行走培训班背景板

2006年我国第二届越野行走培训班

国家体育总局体育科学研究所与国际越野行走联合会（INWA）联合举办第二届越野行走教练员培训班，INWA主席AKI和波兰教练员皮特来华执教。

波兰教练做示范

2005年香港越野行走培训班

培训在香港太平山上举行

2016年青海举办国际越野行走培训班

两位国际越野行走联合会的教练进行培训

越野行走

2016年国际越野行走联合会国家级教练员培训班

本次培训班由国际越野行走联合会（INWA）和北京体育大学社会体育系联合主办，中国越野行走协会协办、北京鲁滨逊户外用品有限公司承办。

以INWA国际级教练员马克为首的四位荷兰教练员和中国越野行走协会总教练姚新新进行了授课。经过理论和技术实践的考核，71名学员获得INWA国家级教练员证书，72名学员分别获得中国越野行走协会国家级或一级裁判员证书。

培训班教师和学员合影

越野行走在高校里的蓬勃发展

中国老年人体协越野行走竞赛规则、裁判法的推出，也带动了高校越野行走运动的发展。2013年，来自吉林大学、浙江大学宁波理工学院、上海大学、山东体育学院、吉林师范大学、东北石油大学秦皇岛分校、辽宁海城高级中学、德州学院及国际越野行走联合会中国分会的专家学者召开了越野行走教程编写工作会议。2014年，在国际越野行走联合会中国分会的资助下，我国第一本越野行走教材《越野行走教程》问世。一年以后，又出了修订本。目前，已经有几十所高校和中学开设了越野行走课程。

2016年，高校越野行走运动迈上新的台阶。十几位高校的专家获得国际越野行走联合会国家级教练员的资格，开课的学校越来越多，科学研究不断深入，教学内容不断创新，教学比赛广泛开展，高校联赛呼之欲出。除了学生开课，越野行走的魅力也感染了教职员工，成为职工健身的时尚运动。有些学校依托科研优势和优秀的教学资源，积极推动社会平台的建设，大力推广越野行走运动。高校分会作为我国越野行走运动的生力军，正在发挥着越来越大的作用。下面，介绍几所高校越野行走开展的情况。

山西大学商务学院越野行走的开展稳步推进

山西大学商务学院于2015年9月开设了越野行走运动课程，并首次推出了高校版越野行走手杖操及相关教学游戏。在2016年校田径运动会上，400名学生表演了高校第一套越野行走手杖操，受到了全校师生们的一致好评。此外，还开展了大学生"元旦"环湖越野行走比赛、学院教职工越野行走比赛和中外大学生越野行走友谊赛等多项比赛。

学做手杖操

越野行走

该校还与省内其他高校就越野行走课程进行广泛交流，邀请山西传媒学院、晋中学院和山西药科职业学院的体育工作负责人到校现场观摩，得到了充分肯定和高度评价。

郑州大学越野行走蔚然成风

郑州大学积极开展越野行走运动，教职工和学生踊跃参加，不到一年的时间，越野行走蔚然成风。由教授、专家、教工组成的持杖越野行走团队分三个校区定期开展活动。在体育专业、普通学生中开设了越野行走课程，深受师生好评。

2016年，郑州大学举办了"郑州大学留学回国人员同心同行母亲河越野行走"活动，专家、教授、博士汇聚一堂，校党委副书记邢莹到场讲话，崔东霞教授亲自示范；校工会组织了教工"忆长征精神、挑战自我极限越野行走"活动。

2017年，邀请国际越野行走联合会主席AKI先生到校举办讲座，并参加全民健身越野行走启动仪式。

国际越野行走联合会主席AKI参加郑州大学全民健身越野行走启动仪式

中国矿业大学越野行走理论研究成绩斐然

近年来，中国矿业大学积极开展越野行走教学，有关越野行走理论研究日益深入，成绩斐然。

高校做推手，湛江市全民健身促进会成立

2016年，湛江市全民健身促进会成立，广东海洋大学、岭南师范学院、广东医科大学、广东廉江文理学院等众多专家领导出任会长、副会长。通过"政府主导宣传全民健身、高校合力推广科学健身方法、专业社会组织精心策划"的方式，推广了越野行走项目，引导全民科学健身。

山东省科学健身指导中心在山东省体育学院成立

山东省科学健身指导中心在山东体育学院成立。越野行走被纳入首批推荐的十大运动项目之一。该中心通过拍摄教学视频、培训国家级社会体育指导员等形式，积极推广越野行走运动。

山东省科学健身指导中心演播室

越野行走

全国十大高校300公里马拉松徒步活动圆满结束

2014年,由北京大学、门头沟区人民政府主办的"中国首届十大高校300公里徒步马拉松赛"圆满结束。

来自北京大学、北京师范大学、复旦大学、清华大学、上海交通大学、武汉大学、厦门大学、浙江大学、中国科技大学、中国人民大学十所高校的50名队员,挑战了国内首次超长距离、超长时间山地徒步马拉松活动。

山地马拉松徒步

07

分享越野行走带来的幸福——我们身边的越野行走爱好者

本书的目的主要就是想把越野行走这样一项谁都可以轻松参与的、健身效果特别好的、非常时尚的运动项目介绍给大家。在推广和培训这项运动的过程中,我们接触到一些越野行走的学习者、爱好者,他们中有医生,有退休干部,有接触越野行走前就长期坚持锻炼的老年朋友,也有一直都没有运动习惯的老年朋友。他们在接触和坚持这项运动之后,身体素质都得到了明显改善,非常想要把这份幸福感分享给更多的朋友。我们来读一读越野行走都给他们的生活带来了什么故事吧!

李易刚：
越野行走给一位医生带来的惊喜

公民是自身健康的第一责任人，世界上没有什么比拥有一颗强大的心脏和矫健的双腿、美足更令人向往和自豪，没有比结实的肌肉和靓丽的皮肤更美丽的衣裳，健康的体魄一直是人类历史的审美意象。

发现越野行走运动，分享手杖健身之益

6年前我在国家图书馆拜读了姚老师的《越野行走》一书，眼前为之一亮。国家体育总局体育科学研究所将北欧越野行走和手杖技术引进国内，造福国人，我是最大受益者之一。过去我曾间断慢跑，或去健身房的跑步机运动，取得一定效果，时间长了发现对膝关节的冲击力较大，容易造成关节损伤，苦于没有更好的解决方法，只好停止。在获得越野运动手杖后，认真地向老师学习，请教方法、技巧，并付诸实践和体验。

越野手杖运动测试

由于自己是医生，又有多年健康养生的经历，便给自己设计了使用手杖的计划。在运动时携带美国产的专业血氧饱和度和心率测试仪器，进行一年的训练测试。A、观察到在为自己制定的有氧运动状态下行走，血氧饱和度有所升高；B、在阳光下行走比无阳光时行走血氧饱和度要略高；C、在运动时采用腹式呼吸方法比胸式呼吸血氧饱和度要高。说明科学使用手杖行走比随意行走效果明显。在测试前对自己的体重、血压、血氧饱和度、BMI（体脂指数）、静息心率、心电图和心脏平板试验做了记录，并且每月重复，作为变化对照。给自己设定了标准有氧运动的心率范围（这个范围一定要循序渐进，切不可一步到位）。经过数月的坚持，有了第一个惊喜发现。我在年轻时(20~40岁)，静息心率是46次/分，我的老师，心血管研究所长说我拥有一位优秀运动员的心率（当

年我经常运动)。但是40~60岁后,我疏于运动,静息心率是68次/分,体重也增加了,我觉得是因为自己年纪大了,身体功能退化了,符合正常规律。但训练的结果出人意外,我惊喜地发现自己的静息心率开始变慢,说明心脏功能开始改善。经过几年的努力,静息心率从68次/分逐渐递减至52次/分!天啊!我居然使自己重新拥有了一颗年轻的心脏!要知道心脏的跳动次数是有寿命的,1分钟少12次,1小时少720次,24小时、1年少多少次?少的部分就是你增加的寿命和时间!之前心脏每分钟跳动68次供应全身血量,现在每分钟52次即可完成,每次输出的血量增加了,足够全身使用。通过越野行走运动居然使心脏功能逆转!有返老还童之欣慰!让我对这项运动信心倍增。

改变低血压

我是位低血压患者(家族性低血压,也称体质性低血压)。血压冬天是90/60mmHg,春夏是80/50mmHg,尤其气温升高到30摄氏度以上时,容易出现经常性头晕,精神萎靡不振,从30多岁开始请了许多名医看过,用过一些中药,服药初血压有所提升,停药即复原。目前关于家族性低血压还没有有效治疗方法。在我使用越野手杖的前3年血压没有什么变化。在第4年夏天,有位和我一样低血压的护士说她头晕,我帮她量了一下血压是80/50mmHg,她说一到夏天血压总是这个范围。她问我今年怎么没有说头晕?便给我测了血压,测量结果为86/56mmHg,我说不可能,一定是血压计没有调校,换台新的量,结果差不多。作为医生我很细心,隔断时间便测一次血压,发现确实有变化,而且头晕症状较前轻了。第2年夏天血压96/66mmHg,今年夏天至今110/70mmHg,是最标准的血压!头晕的症状消失了,精力充沛。困惑我几十年的低血压彻底改变了。如今家族中从30~96岁的亲人血压还是80/50mmHg,于是我为每位亲人送了一副越野运动手杖,送去我对亲人的爱——健康。

并无刻意追求,却迎来意外惊喜

15年前医院每年的例行体检,在做颈动脉B超时,发现我动脉上有8个斑块，自认为年纪大了动脉硬化不可避免，也没有太在意，每年体检都说有，也习以为常了。3年前体检时B超室主任说我颈动脉很好，没有斑块。我以为他在开玩笑，根本不相信，从未治疗过，怎么会消失了？主任当即将B超屏幕对着我很认真地重新做了一遍，边讲边指给我看，动脉壁光滑，黏膜无粗糙面，弹性良好，并笑说像个年轻人的动脉。我顿时张大了嘴巴，长叹一声，不可思议！去年和今年的体检我分别刻意地换了两位资深经验的B超主任帮我检查，真的没斑块了。

预防感冒

我使用越野手杖运动一年后，发现自己感冒次数明显减少，每次感冒的时间由过去的半月到20多天减少到3~5天，而且感冒症状明显减轻，说明有氧运动对提高机体免疫力有很好的效果。

预防老年性痴呆

老年性痴呆主要有两种常见多发类型：一是阿尔茨海默氏病（AD），目前患者以西方人居多，占60%~70%；二是血管性痴呆（VD），患者以中国人和日本人居多。目前临床上没有有效的治疗方法。一旦患者病情逐渐加重，生活不能自理，就会造成家庭和社会的沉重负担。

据有关资料研究，将老年人群随机分成两组，进行头颅核磁扫描海马区等脑部组织并计算其体积，用国际记忆量表测试记忆力。一组进行标准有氧运动，一组不进行有氧运动，一年半后复查核磁，有氧运动组海马区体积增加了0.42%，记忆力有不同程度改善，而另一组海马区体积减少了0.47%，记忆力有不同程度下降。分析：有氧运动改善了脑缺血、缺氧，对预防和延缓老年性痴呆是个不错的选择。越野行走与徒手步行相比，在同等速度和相同距离条件下，热量会多消耗20%~40%，因此成为徒步中优秀的有氧运动，是老年人预防老年痴呆的好方法。

越野行走

对使用越野手杖的建议

- 建议使用含碳纤维手杖,弹性好,可以起到缓冲作用。在持杖行走过程中,其反作用力会传导至你的腰椎、肌肉等部位,如使用硬质、无弹性材料的手杖,可能造成肌肉、椎间盘等的损伤。

- 在行走时一定要穿一双舒适、足跟弹性好、较软的徒步运动鞋,可以对脊柱进行减震从而保护脊髓和足部的安全。

- 最好拥有一块心率表,可以帮你测试行走过程中心率是否保持在正确范围,从而达到标准的有氧运动。

- 在使用有氧运动之前做到安全第一,要做心电图、平板运动试验,可以使你在运动状态下对心脏功能做出动态评估。因为已经屡屡发现,有好多人,在平时没有发现心脏病的前兆,而在运动负荷加大后,突然出现猝死。这是非常危险的。这类病人有的缺乏锻炼,还有的是有隐匿性心脏病所导致的。

- 糖尿病病人在运动量增大时可能会出现低血糖症状,所以在有不适症状出现时,即刻平卧或口服果糖缓解症状,必要时听从医生的指导进行锻炼。

- 有心衰病史的患者,不建议做此项运动。

- 有精神病史的患者,不建议做此项运动。

- 对肥胖者,此项运动是个不错的选择,有氧运动对燃烧脂肪是非常有效的。

- 对高血压病人伴肥胖者,选择此运动,理想状况下体重可每年减少10%,血压一般可以降低6mmHg。

- 对腰椎间盘突出的患者,要循序渐进地运动,正确使用手杖可以起到缓解和有效的治疗作用,在我的指导下受益者颇多。

- 对提高免疫功能非常有效,因为有氧运动可促使脑内β-内啡肽增多,这种物质是一种快乐激素,可促使自然杀伤细胞(N-K细胞)增长,自然杀伤细胞产生一种打孔素,在癌细胞上钻孔,释放出细胞内容物,杀死癌细胞,还可以增加其他免疫细胞,增强人体免疫功能。

以上是我取得的实践经验和感受,供大家参考。当然了,这些经验的取得不仅仅是越野运动单方面的结果,它只是其中重要的一个环节,更重要的是综合性的养生,如合理的膳食营养方法、精神心理层面的因素、内外环境的影响、消除烟酒等不良嗜好等。但综合来看,越野手杖行走在其中扮演了重要的角色,功不可没。

北京老年医院体检中心主任医师　李易刚

张萍: 手杖是我的护身宝器

我叫张萍,今年73岁了,是北京东城区健身操舞协会的会长。年轻时从事专业的体操训练受过伤,加之年老了又患退性型骨关节炎,我的两腿一直疼痛难忍,行走困难,不得不做了双膝关节置换手术。受国际越野行走联合会中国分会的聘请,创编了两套手杖操(这两套操在全国广泛推广,深受广大健身爱好者的喜爱),同时我了解了越野行走运动,用上了两支手杖。

膝关节置换前因使用了手杖,减轻了膝关节的压力,克服了疼痛,故能坚持行走和工作;置换后又是手杖帮我减轻膝关节的压力,在扔掉双拐到能够正常行走这段时间里,持双杖行走,避免了膝关节过度磨损,增加了行走的安全性,既可以缩短使用双拐的时间,还可以提前进行积极地康复训练,迅速地恢复了膝关节的功能。从此,我不但能像正常人一样行走,还能继续进行健身操舞的创编与教学工作了。

越野行走

　　自从我使用手杖以来，出门行走时我一刻也没离开过它。尤其是去外地旅游，或较长时间的行走，我都带着手杖，一方面可以节省体力；另一方面就是保护置换后的关节，延长使用寿命。

　　近几年，我持手杖登上了祖国的几个名山，穿过了不少名城，还迈进了辽阔的大草原；持手杖还到了日本、韩国、马来西亚、印尼等国去游览和教舞。每到一地之前，我首先要准备好手杖，假如没有手杖我会感到心里没底，我已经习惯了用手杖，离不开手杖了，手杖成了我的终生护身宝器。

张萍　2016年11月

罗辰生：越野行走保住了我的一条腿，还让我避免了一次脑梗

　　我在天坛公园越野行走十年了，觉得非常好。

　　前段时间我走着走着突然左小腿剧烈疼痛，但是我仍然咬牙坚持走完。接下来到医院检查，发现我左腿动脉堵塞严重，若不能及时治疗，会有截肢的危险。于是我就问大夫既然这么严重为啥我还可以坚持走路呢？大夫回答说神奇的事情就在这里，您的主动脉堵塞了，但是旁边的两条小动脉居然发挥了作用，供血一点问题没有，这可能跟您平时长期锻炼有关系。你们看，坚持越野行走保住了我的一条腿。后来我再去做体检，做头部核磁的时候，又发现了一个奇怪的现象：我头部的血管堵塞也很严重，但是仍然是这种情况，旁边的小血管充分

罗辰生，"华人少年作文比赛"组委会秘书长，"北京华人少年儿童文化教育交流协会"会长。

发挥作用，更神奇的是之前给小脑供血的血管延伸，以至于也能给大脑供血供氧，医生都称太神奇了，要不是有这几条小血管，我早就发生脑梗了。你们看，坚持越野行走保住了我一条命。我今天说给你们听就是要告诉你们，你们所从事的工作特别好，造福很多人。我的体检报告和片子都在家里，随时可以给你们看，我是个作家编剧，你们可以到网上去搜一下，《我的九月》张国立主演的，就是我编剧的，获得过金鸡奖。我叫罗辰生，我可以给你们留下联系方式。

刘晓 （根据罗辰生口述整理）

郑凯红：坚持越野行走，减肥后换了一种生活

我很幸运，在我刚退休不久就结识了越野行走。

2005年退休前，我在事业单位做行政和人力资源管理工作，经常在电脑前一坐就是一天。再加上上班路远，每天开车往返近60公里，年龄大了，运动少了，体重是130多斤，血压96~149mmHg，堵车时候常常迷糊过去，后面车直按

越野行走

喇叭我才清醒过来。所以我退休后的第一个愿望就是把身体锻炼好。

2006年11月，我在《北京晚报》上看到国家体育总局体育科学研究所推广"北欧越野行走"的报道，抱着试试看的想法，我就去天坛公园学习。

刚开始走的时候，想跟上前面领走的人真挺费劲啊，一圈走下来，胳膊酸痛，脚也打泡了，特别是两边的胯骨酸酸地疼。看着那些老队员个个健步如飞，边走边聊天，有说有笑，真羡慕啊。坚持就是胜利，咬牙坚持着。尽管每次走完都大汗淋漓，但是浑身很舒服，头脑也更加清醒了。锻炼的同时也要管住嘴，每次吃饭到七八成就赶紧放下筷子。

半年以后，奇迹出现了，我体重减到108斤，血压也恢复正常，到了80~120mmHg，身材苗条了，脚步变得特别轻快，自我感觉好像回到了中学生时代。退休一年后回到单位，同事们都大吃一惊，说从后面看我就像二三十岁的小姑娘。要知道以前我腰粗、肚圆、屁股大，走起路来一瘸一拐的，是个地地道道的胖老太太呀。

现在我们在颐和园带领大家进行越野行走锻炼。每周三次，早上在颐和园走大圈，7.5公里只用1个小时。游客们看着我们一个个拿着手杖、步伐矫健、身轻如燕的样子，都说专业队伍来了。在老年体协的指导下，我们还经常组织队员们参加全国各地的比赛活动，沿途游览各个省市的旅游景区。11年来，我带领颐和园队参加了中国老年人体协举办的全国比赛，参加了青海湖环湖徒步、行走中华水塔国际越野行走大赛、宜兴全国越野行走公开赛、山东刘公岛全国徒步大会等许多活动，增强了体魄，开阔了眼界，增进了团结，也吸引了周围的亲朋好友纷纷加入到我们的队伍中。我的中学同学、黑龙江兵团战友陈坚坚看到我身体发生的变化，听我讲身边队员通过锻炼降"三高"、减体重的收获，立刻和老伴儿一起办理了老年体协会员证，还逢人就讲，"我参加了越野行走颐和园队，我跟他们一起锻炼、一起出去旅游特别开心"。

我很幸运我的退休生活遇上了越野行走，是越野行走让我获得健康、能帮助更多人得到健康，我活得有价值了，活得更加精彩了。

郑凯红

祝奶奶的健康"宝杖"

为什么不是"健康保障"而是"健康宝杖"呢？原来真有一种"宝杖"（手杖），可以解决腰肌劳损问题。

在北京天坛公园锻炼的人群中，有一位手持双杖走路的老奶奶，她腰板挺直，步履矫健。做体前屈时，膝盖绷直，双手手掌可以触地。谁能想到她已经是70岁的老人，几年前，还是挺不起腰板、连走路都得"猫着腰"的病人呢！

她叫祝美凤，是个车工。1972年，她生孩子休了56天产假后就去上班，每天站8小时，弯着腰工作，当时就觉得腰不舒服。后来连哈腰、洗衣服、端盆都感到吃力，刷牙要一只手扶着水池子，睡觉也无法翻身，只能先坐起来，腰后垫个垫子，靠床头歇一会儿，然后才能换个姿势睡。找大夫看病也没什么好法子，给点止痛片或膏药，嘱咐好好休息，不能彻底解决问题。

祝美凤说："就这样好一会儿，坏一会儿，反反复复的，到后来，腰也直不起来了，只能哈着腰走路。那年，我48岁，心里想，哎呦完了，提前走上老年化了，今后能不能直起腰，谁都不知道，心里特别着急。"

"后来，听人介绍说有一种越野行走的运动，还是从北欧引进的，对腰腿、颈椎都有好处。可我觉得自己腿又没毛病，拄着两根棍，跟得了半身不遂似的，再说半身不遂才拄一根棍，我这拄两根，实在接受不了。直到看到天坛公园里使手杖行走的人越来越多，反映还不错，于是就抱着试试看的心理，才买了两支手杖。"

"刚开始，只能'猫着腰'走，就像'趴'在棍子上似的。走了几天，腰痛虽没有缓解，但感觉身体有劲了，出现了很久没有的轻松感。更可喜的

越野行走

是，1周后，从原来只能走二三百米，发展到走三四里路了，大大增强了我继续锻炼的信心。三四个月后，又有了新的进步，同伴们都说：'呦，您腰板直多了，走路也快了，最主要是精神头好。'我自己也感觉走路比以前轻省，颠、颠、颠的，快多了！"

"半年以后，又有一件事让我信心大增。以前洗衣服，盆里的水都是老伴去倒，这次心想自己来吧，弯腰端盆，没想到一下子就端起来了，腰也没疼，高兴得不得了。"

"平路行走有了进步，走台阶怎样呢？我就在天坛祈年殿西侧试着走台阶。一开始，只能一步一步挪。走了一年多，感觉腰松快多了，就试试不用手杖，没想到'蹬、蹬、蹬'的，上下台阶一点也不费力，腰也不疼了。"

从此，祝美凤对手杖情有独钟，越走越带劲。不仅自己走，还带动老伴也跟着一起走。到了2010年，就有了文章开头的一幕：天坛公园众多越野行走的人群中，出现了一位腰板挺直、健步如飞的老奶奶。中央电视台第四频道"中华医药"栏目为此专门为祝美凤做了一期节目，题目就叫《祝奶奶的健康"宝杖"》。节目播出后，得到广泛好评，不仅国内各地的越野行走爱好者前来一探究竟，连新加坡、马来西亚的外国朋友也到天坛公园来找祝奶奶取经。

两支手杖，为什么能有这么神奇的作用呢？为此，我们专门请教了北京积水潭医院康复科主任郭险峰。郭主任讲，腰肌劳损一个重要的原因是包裹脊柱腰椎的内层肌受损。若能使受损的内层肌得到康复，就能解决腰疼的问题。而锻炼内层肌需要特殊的方法，医院康复科采用的是"悬吊法"。越野行走正好与"悬吊法"有相似之处，经过较长时间的锻炼，就可以康复受损的内层肌，从而解决腰肌劳损的问题。

姚新新　（根据CCTV-4"中华医药"栏目《祝奶奶的健康"宝杖"》编写）

越野行走队歌（天坛队）

咱"走杆"的人

咱"走杆"的人，有啥不一样，一双脚板两支手杖，阔步向前方。

咱"走杆"的人，有啥不一样，一双脚板两支手杖，神采飞扬。

说不一样，其实也一样，双脚踏遍千山万水，身披雨露霞光。

说不一样，其实也一样，我要走到九十九，地久天长！

（注：老北京话，越野行走亦称"走杆"。）

附录

越野行走视频资料

手杖操创编教学（白雨玲）

大家一起来

燃烧蔬菜

兵操

小苹果

中国美

最炫民族风

喜洋洋

说唱脸谱

越野行走

手杖操创编教学（张萍）

越野行走手杖操第二套

身体素质训练和整理活动

越野行走手杖操第二套

手杖花教学（白雨玲）

双手正面花

左手旋花

左右替双手花

中国老年人体协场地接力项目连续跑步罚下示例

中国分会持杖竞速：红牌和黄牌处罚示例

中国分会持杖竞速：黄牌警告八种

中国分会持杖竞速：红牌罚下三种

图书在版编目(CIP)数据

越野行走 / 中国老年人体育协会编. –北京：人民体育出版社，2018

(老年人科学健身指导丛书)

ISBN 978-7-5009-5192-6

Ⅰ. ①越… Ⅱ. ①中… Ⅲ. ①步行–健身运动–基本知识 Ⅳ. ①G883

中国版本图书馆 CIP 数据核字(2017)第 165465 号

*

人 民 体 育 出 版 社 出 版 发 行
中 国 铁 道 出 版 社 印 刷 厂 印 刷
新 华 书 店 经 销

*

787×1092　　16 开本　　13.5 印张　　200 千字
2018 年 12 月第 1 版　　2018 年 12 月第 1 次印刷
印数：1—3,000 册

*

ISBN 978-7-5009-5192-6
定价：50.00 元

社址：北京市东城区体育馆路 8 号（天坛公园东门）
电话：67151482（发行部）　　　邮编：100061
传真：67151483　　　　　　　　邮购：67118491
网址：www.sportspublish.cn

（购买本社图书，如遇有缺损页可与发行部联系）